DOMINIQUE
MONAMI

Kennes
www.kenneseditions.com

Photo de couverture : © Caroline Dupont
Dépôt légal : D/2022/13.105/135
ISBN : 9782380758078 | NUART : 6396604
Mise en récit : Valérie Caprasse

Imprimé en Europe.

DOMINIQUE MONAMI

Boostez votre énergie

TABLE DES MATIÈRES

« Quand le corps
est fort, il obéit.
Quand il est faible,
il décide. »

Aujourd'hui, j'ai envie de vous mettre dans la confidence. J'ai envie de vous raconter une histoire. Celle qui m'a permis de réaliser mon rêve d'enfant. Celle qui m'a permis de fouler les courts de tennis les plus prestigieux du monde. Celle qui m'a permis de me hisser dans le top 10 mondial. Celle qui m'a permis de décrocher une médaille de bronze aux Jeux olympiques de Sydney. Celle qui m'a emmenée là où je voulais être.

Vous transmettre l'essence de ce qui s'est révélé, à mes yeux, déterminant dans mon développement. Partager avec vous le savoir que j'ai constitué depuis plus de 35 ans. Vous livrer les connaissances que j'ai acquises en tant qu'athlète de haut niveau, mais également en tant que coach mentale et coach de carrière, l'art auquel je me consacre depuis la fin de ma carrière sportive. Réunir les enseignements de ma première et seconde vie professionnelles, telle est mon ambition.

Ce n'est donc pas à proprement parler une histoire, mais de nombreuses histoires que vous retrouverez à travers ce livre. Des histoires qui, je l'espère, inspireront les vôtres. Vous aider à comprendre votre propre fonctionnement et à booster votre énergie pour soutenir votre développement, voilà ce qui me tient à cœur. Pour ce faire, vous serez aidé par différents exercices et tests. Ponctué de témoignages, ce livre tente de vous remettre des clés qui contribueront à vous soutenir dans la voie que vous souhaitez suivre et qui vous correspond.

Le premier chapitre de ce livre sera consacré à la gestion de l'énergie en tant que telle. En abordant dans un premier temps les différents types d'énergie qui nous meuvent, je reviendrai sur les sources d'énergie qui permettent de réapprovisionner notre réservoir, sur la façon de les mettre en œuvre et de favoriser un équilibre énergétique. Je vous proposerai également de réfléchir aux moyens de lutter contre le stress, en proposant certaines techniques qui m'ont été particulièrement précieuses en compétition.

Je vous emmènerai ensuite sur les chemins de la motivation. Comprendre ce qui vous motive et vous investir dans une voie qui y répond, c'est vous donner les chances de gagner en énergie. J'essaierai de vous y aider en vous accompagnant dans certains questionnements et dans la réalisation d'un test en particulier qui devrait vous permettre d'identifier certaines conditions à cette motivation. Je vous ferai part également d'astuces qui ont contribué à maintenir ma motivation dans ce que j'ai entrepris.

Dans la troisième partie, je vous inviterai à sortir de votre zone de confort, à comprendre ce que ce processus implique et surtout ce qu'il peut vous offrir en termes de développement personnel. Parce que si notre zone de confort est un endroit magnifique, rien n'y pousse. Je vous confierai ce qui constitue, selon moi, les conditions pour gérer au mieux une sortie de votre zone de confort qui respecte vos besoins en termes d'énergie.

Je vous proposerai ensuite de réfléchir à vos capacités à vous (dé)concentrer qui sont de nature à favoriser (ou non) l'atteinte de vos objectifs, lorsque ces derniers nécessitent la réalisation de tâches d'un certain niveau d'exigence. Il s'agira dans cette partie de tenter d'identifier ce qui peut vous aider à vous concentrer, ce qui vous déconcentre facilement pour trouver des moyens de lutter contre ces distracteurs et ce, en mettant en exergue le lien entre énergie et (dé)concentration.

Enfin, je terminerai avec quelques confidences supplémentaires sur mon parcours, qui feront écho à certaines parties du livre. En espérant surtout et sincèrement que la lecture de ce livre vous aidera à servir la balle de votre vie.

Dominique Monami

J'ai des confidences à vous faire...

... au service de votre énergie

La nature ne m'a pas offert un physique des plus puissants, je n'ai pas hérité d'une musculature avantageuse. Pour éviter les blessures et réussir à réaliser mon rêve de gamine, celui de devenir une championne de tennis, je n'ai eu d'autre choix que d'investir, encore et encore, dans le travail physique. Afin de rejoindre l'élite mondiale, j'ai dû apprendre à gérer au mieux mon énergie pour pouvoir renforcer ce physique, qui constituait, je ne dirais pas la plus grande faiblesse, mais l'atout le moins évident. J'ai compris rapidement que je ne pouvais gaspiller cette énergie qui me soutenait, consciente que la conséquence directe pourrait se traduire en épuisement, soit un obstacle de taille à mes ambitions. Par ailleurs, comme nous avions décidé avec mes parents que je poursuivrais ma scolarité jusqu'à mes 18 ans, « doser » savamment mon énergie conditionnait ma capacité à mener les deux vies de front. Très tôt, j'ai donc fait mienne l'expression **« Quand le corps est fort, il obéit. Quand il est faible, il décide. »**

Cette quête précoce de la préservation, de la régénération et de la maximisation de mon énergie m'a amenée à intégrer de nombreux principes et automatismes qui ne m'ont pas trahie, puisqu'ils m'ont permis de tutoyer les sommets mondiaux du tennis. Aujourd'hui, j'ai à cœur de les transmettre au travers de coachings ou de conférences et c'est avec un bonheur tous les jours renouvelé que je constate l'effet qu'ils produisent. Plus que jamais, je suis convaincue, à la fois par mon expérience d'athlète de haut niveau et par ma pratique de coaching, que ces enseignements en matière de gestion d'énergie peuvent profondément vous aider à vous sentir mieux au quotidien et à vous épanouir dans votre voie, quelle qu'elle soit.

Lorsque l'on fait du sport, et a fortiori de haut niveau, on vise toujours la prévention pour éviter la guérison, qui annonce un temps de récupération déjà trop long. La prévention ne peut passer que par cette capacité à redoubler l'intensité des périodes de récupération par rapport aux efforts, souvent extrêmes, que l'on doit consentir. Tous les conseils que vous retrouvez ici poursuivent l'objectif de vous maintenir dans un bon niveau d'énergie et vous épargner les formes les plus sévères de déperdition d'énergie que sont les épuisements. Il s'agit de créer un équilibre énergétique, au sein duquel toute consommation d'énergie se voit suffisamment compensée par de la récupération. Les lignes qui suivent vont tenter de vous aider à prendre conscience des différents types d'énergie et des moyens à mettre en œuvre pour les recharger. Évidemment, vous utiliserez mes conseils à votre guise et en fonction de vos affinités.

Énergie physique, énergie mentale et énergie émotionnelle : un trio à recharger constamment

J'ai pour habitude de mettre en avant la cohabitation de trois types d'énergie : l'énergie physique, l'énergie mentale et l'énergie émotionnelle. Ces énergies sont interreliées et constituent un système que l'on pourrait appeler le système énergétique. Elles se retrouvent en interaction permanente, si bien que si l'une d'entre elles se décharge, elle se répercute directement sur l'une des deux autres, voire sur les deux autres. C'est pourquoi **« on ne vaut que ce que vaut notre énergie la plus faible. »**

L'énergie physique constitue l'énergie qui permet de mettre en mouvement votre corps, qui soutient votre corps ;

L'énergie mentale, c'est l'énergie dont vous avez besoin pour faire fonctionner vos capacités cognitives, vos facultés intellectuelles : réflexion, concentration, stratégie, organisation, planification, … Un sportif de haut niveau est considéré comme fort mentalement parce qu'il possède cette capacité à garder une logique et à rester rationnel dans des situations de stress relativement extrêmes. Autrement dit, il peut analyser très rapidement une situation pour déterminer ce qu'il doit mettre en place afin de contrer des éléments qui lui apparaissent défavorables ;

L'énergie émotionnelle, c'est l'énergie liée à vos propres émotions. Elle est impactée par votre environnement, la vie sociale et les événements de la vie. Ces événements peuvent être positifs comme négatifs, et peuvent augmenter comme réduire votre énergie. À cet égard, deux psychiatres, Thomas Holmes et Richard Rahe, ont développé en 1970 une échelle qui identifie une série d'événements de la vie générateurs de stress. Ils ont attribué un score plus ou moins élevé à chacun des événements, vécus sur les 12 derniers mois, en fonction de leur propension à créer du stress. Leur somme permet de se situer sur l'échelle et d'envisager les risques encourus pour notre santé. Cet outil reste un outil d'évaluation statistique qui se base sur un échantillon et des moyennes et, ce faisant, n'appréhende pas les caractéristiques individuelles. Il se doit donc d'être utilisé avec toutes les précautions nécessaires. Néanmoins, cette échelle a le mérite de mettre en exergue l'étendue des événements chargés émotionnellement, et donc impactant notre niveau énergétique, ce que l'on a parfois tendance à sous-estimer. Par conséquent, elle permet de prendre conscience de notre vécu et de la nécessité de mette en œuvre des moyens adaptés pour récupérer de ces événements stressants. Vous trouverez le test dans le dernier chapitre de ce livre.

Aujourd'hui, à l'heure où vous lisez ces lignes, comment pourriez-vous qualifier vos différents types d'énergie ? Sentez-vous que l'une ou l'autre est plus faible ? Avez-vous l'impression d'éprouver plus de difficultés à mettre votre corps en mouvement ou au contraire, avez-vous le sentiment de pouvoir courir un marathon ? Avez-vous la sensation d'être beaucoup plus lent pour réaliser des tâches intellectuelles ou vous sentez-vous particulièrement rapide dans leur exécution ? Vous sentez-vous aspiré par des problèmes plus émotionnels ou, au contraire, ressentez-vous une forme d'harmonie apaisante autour de vous ?

Pour pouvoir maintenir ou récupérer un bon niveau d'énergie global, il faut nous pencher sur les différentes sources d'énergie. Comment pouvez-vous recharger vos différents types d'énergie ? Telle est finalement la question essentielle en matière de gestion d'énergie.

On peut distinguer deux types de sources d'énergie. D'une part, les sources d'énergie vitale, celles qui sont absolument nécessaires pour rester en vie : le sommeil, la nutrition et l'activité physique. D'autre part, les sources d'énergie qui sont liées aux besoins spécifiques résultant de notre personnalité et qui peuvent évoluer tout au long de notre existence. Elles peuvent provenir des contacts sociaux, des activités de détente (y compris sportives), des activités qui permettent de déconnecter, des marques de reconnaissance, etc. Mettre en œuvre des moments de récupération consiste à déployer des moyens pour utiliser ces sources d'énergie, qu'elles soient vitales ou liées à votre personnalité. Je vous propose de revenir sur les sources d'énergie vitale.

LE SOMMEIL

Le sommeil constitue la seule source de récupération des trois types d'énergie (physique, mentale, émotionnelle). Une bonne nuit de sommeil vous permet de récupérer jusqu'à 100 % de votre énergie ! Durant le sommeil, le cerveau continue de travailler pour nous, en restaurant notre métabolisme, nos capacités de mémorisation et de concentration, nos capacités d'apprentissage et notre humeur. On comprend pourquoi, au vu de ses vertus, on parle de « sommeil réparateur ».

Grâce au sommeil, le premier type d'énergie que l'on régénère est sans surprise l'énergie physique. Si votre nuit compte à peine quatre heures de sommeil par exemple, vous pourrez être présent à une réunion car vous êtes en mesure de vous déplacer physiquement, mais vous risquez d'être absent intellectuellement. Présentéisme physique versus absentéisme mental. Dans ces moments, je déconseille les tâches intellectuelles et j'invite à éviter les contacts sociaux, vous risquez de vous révéler de très mauvaise compagnie.

En moyenne, les adultes ont besoin de sept à neuf heures de sommeil. Chacun doit évaluer le nombre d'heures qui lui sont nécessaires pour se réveiller en forme le lendemain matin. Ce temps évolue en fonction de l'âge : vous ne devrez pas bénéficier du même nombre d'heures de sommeil pour récupérer de la même manière à 20, 45 ou 60 ans. Les enfants doivent profiter de nuits plus longues car leur développement corporel et cérébral requiert des phases de repos plus importantes.

De nombreuses études ont montré les effets négatifs d'un manque de sommeil chronique. Un déficit récurrent d'heures de sommeil favorise, entre autres, les risques d'accidents, de problèmes médicaux tels que l'hypertension artérielle, les diabètes ou encore l'obésité, le recours à des médicaments ou autres substances pour faciliter le sommeil ou des stimulants pour lutter contre la fatigue en journée, lesquels sont susceptibles d'engendrer des problèmes de santé[1].

Afin d'améliorer la qualité de votre sommeil, une certaine régularité s'impose : se coucher et se lever aux mêmes heures (approximatives bien sûr). Quand j'étais joueuse professionnelle et même avant, je me suis toujours montrée intransigeante à cet égard. Et j'avoue avoir souvent ressenti le besoin de jouer les marmottes pour retrouver ma pleine forme. Je suis persuadée que cette discipline du sommeil a été particulièrement déterminante dans ma capacité à recouvrer mon énergie. Ce sont les irrégularités qui déstabilisent avant tout.

Développer un rituel d'endormissement permet par ailleurs de préparer son corps et son cerveau au sommeil. En fonction de vos affinités, vous pouvez ainsi intégrer par exemple 10 à 15 minutes de lecture si vous aimez lire, avec une lampe uniquement dirigée vers votre livre avant l'extinction complète des lumières de votre chambre, le tout en sirotant une tisane propice à l'endormissement. Vous pourriez également diffuser des huiles essentielles favorisant le sommeil et pratiquer un peu de méditation. Écouter un podcast peut également composer votre rituel, tout comme des exercices de respiration abdominale qui aident à se relaxer[2].

S'il nous faut dormir la nuit, notre corps nécessite également des moments de repos la journée. Un coup de pompe a toujours l'art de pointer le bout de son nez dans l'après-midi, généralement sept à huit heures après le réveil. C'est un moment où l'on perd sa capacité de concentration et jusqu'à 40 % de ses facultés intellectuelles. Si l'opportunité ou la capacité de pratiquer une micro-

---

1 Voir la section *Physically Speaking: Sleep Easy* sur le site de la WTA Tour https://www.wtatennis.com/news/1415788/physically-speaking-sleep-easy.

2 Je vous invite à prendre connaissance d'un exercice de respiration à la page 46.

sieste ne se présente pas, je conseille de consacrer ce moment de courte durée, environ 30 minutes, à des activités plus créatives qui ne nécessitent pas l'activation d'un cerveau rationnel. Dans le planning quotidien, j'invite donc à prévoir une activité qui ne doit pas être soutenue par une forte concentration. Au vu de ces enseignements, on n'est pas étonné de voir fleurir, dans les entreprises, des espaces de repos et de relaxation, comprenant des salles individuelles de sieste, calmes et confortables, à la disposition des employés.

Il est intéressant de noter que certains estiment être épargnés par ce coup de pompe dans l'après-midi. Or quand je creuse, je réalise que les personnes qui se disent non concernées se trouvent en fait sous l'effet de l'adrénaline. Travaillant non-stop, elles sont portées par cette hormone et ne ressentent donc pas ce que l'on nomme parfois une dépression du rythme circadien. Toutefois, quand leurs journées s'achèvent, c'est une décompression qui fait irruption et qui les met souvent à genoux.

10 conseils pratiques pour le sommeil

- Allez dormir chaque jour environ à la même heure et réveillez-vous environ à la même heure ;
- Maintenez la température de votre chambre autour de 16°C et aérez bien votre espace de sommeil ;
- Rendez votre chambre suffisamment obscure pour produire de la mélatonine, l'hormone dite du sommeil ;
- Tenez l'heure hors de portée de vos yeux pour éviter de vous stresser par l'horloge qui tourne si vous avez des difficultés d'endormissement ;
- Essayez de prévoir un rituel d'endormissement pour préparer votre corps et votre cerveau au sommeil ;

- Évitez l'exercice physique trop intense (qui entraîne une fréquence cardiaque élevée, tel que, par exemple, le squash, le tennis en simple, le football, des cours collectifs de type cardio training,...) moins de deux heures avant d'aller vous coucher ;
- Connaissez votre minimum d'heures pour récupérer ;
- Au minimum une heure avant d'aller vous coucher, évitez les écrans des tablettes, ordinateurs ou smartphones car la lumière bleue empêche la production de mélatonine ;
- Bougez en suffisance la journée pour mieux dormir la nuit ;
- Évitez la télé dans la chambre.

LA NUTRITION

La nutrition constitue une source d'énergie vitale et fondamentale. L'alimentation permet de récupérer de l'énergie physique et mentale. Quant au lien avec l'énergie émotionnelle, il est plutôt à trouver lorsque l'on inclut une dimension sociale dans nos repas, lorsqu'on le partage avec des proches, famille ou amis. Il n'est pas question ici de revenir en long et en large sur les différents courants de la nutrition. Je ne suis pas nutritionniste et cela n'est pas le but du livre. Néanmoins, je tiens à revenir sur certains principes de base.

En particulier, j'aimerais attirer l'attention sur la consommation d'eau : 1 % de déshydratation correspond à une perte de 10 % des capacités intellectuelles. 3 % de déshydratation, 30 % de facultés intellectuelles, soit le début des erreurs d'inattention ou des difficultés de concentration. Vous l'aurez compris, la simple formule H_2O joue un rôle essentiel dans notre système énergétique. Afin de favoriser cette consommation d'eau, il est utile de la rendre visible. Une gourde emportée avec vous ou une bouteille posée avec un verre sur votre bureau permet de vous rappeler l'impératif de boire régulièrement.

D'un point de vue alimentaire stricto sensu, ce que j'ai sans doute le plus appris durant ma carrière professionnelle, c'est l'importance de consommer des aliments qui ne déstabilisent pas mon système énergétique. Par exemple, manger trop gras conduisait inévitablement à réduire mon énergie physique qui était consommée en partie pour tenter de digérer les lipides. Le spaghetti bolognaise, souvent considéré comme le plat à privilégier chez les sportifs amateurs, constitue à cet égard un leurre. En effet, si les pâtes permettent de fournir les sucres indispensables à l'effort physique, la sauce qui accompagne est beaucoup trop riche et nécessite un temps très long de digestion. Durant les compétitions, je veillais particulièrement à ingérer des aliments qui m'apportaient suffisamment d'énergie (des calories) mais qui ne nécessitaient pas un travail de digestion trop énergivore : poulet grillé ou à la vapeur, qui constituait l'apport protéiné nécessaire à mes muscles et à l'effort, des pâtes al dente ou complètes nature avec un filet d'huile d'olive ou alternativement des pommes de terre cuites à la vapeur, le tout accompagné de légumes en suffisance, sources de nutriments essentiels. Autant dire que les repas ne me faisaient pas particulièrement saliver, mais permettaient de répondre à mes besoins énergétiques du moment.

Aussi, je veillais à consommer le moins possible d'aliments qui présentent un index glycémique élevé, autrement dit qui libèrent les sucres rapidement dans le sang. Ces aliments ont pour particularité de procurer de l'énergie très vite, mais sur une courte durée, comportant le risque que survienne ensuite une hypoglycémie se traduisant par une grosse perte d'énergie. À cet effet, favoriser les aliments à faible indice glycémique, qui libèrent quant à eux les sucres lentement dans le sang, peut aider à diminuer ces montagnes russes énergétiques, ces fameux « coups de pompe » et à augmenter aussi l'effet de satiété. Parmi ces aliments, on peut notamment retrouver les oléagineux (noix, amandes, noisettes,...), les céréales complètes, le chocolat noir avec une teneur en cacao au minimum de 70 % et les légumineuses (lentilles, haricots rouges, pois chiches,...). Notons aussi que l'indice de certains aliments peut varier selon la façon de les cuisiner. Par exemple, l'index glycémique de pommes de terre cuites à la vapeur est plus bas que l'indice de pommes de terre écrasées en purée, de même que les pâtes al dente présentent un indice plus faible que les pâtes bien cuites, pour des raisons de modification de la structure de l'amidon présent dans ces aliments.

Aujourd'hui, je continue d'accorder une importance à mon alimentation pour préserver et maximaliser mon énergie durant la journée. Mon alimentation a bien sûr évolué puisque je n'ai plus d'effort physique extrême à déployer. Mais j'ai toujours été particulièrement consciente de l'impact de mon alimentation sur ma forme énergétique. Si je devais résumer les grands principes qui guident mon alimentation actuelle et qui s'inspirent directement de mon expérience, je les présenterais comme suit :

Privilégier les aliments à index glycémique bas et ce, dès le matin. Ainsi, je consomme du pain complet et j'évite le pain blanc, doté d'un index glycémique élevé, qui risque de provoquer un coup de fatigue rapidement, outre le fait qu'il n'est pas propice à l'effet de satiété. Si je mange du pain complet, la sensation de faim disparaît rapidement tandis que je peux avaler une quantité impressionnante de tartines de pain blanc sans satisfaire mon appétit. Les flocons d'avoine constituent également une alternative ou un complément intéressant pour les petits déjeuners. On les retrouve par exemple dans le granola que j'accompagne d'un produit laitier, généralement du Skyr, une spécialité laitière islandaise très faible en matière grasse pour ne pas dire dépourvue de lipides. Pour les autres repas principaux, je privilégie les pâtes complètes, le riz complet et le quinoa comme féculents car leur indice glycémique relativement bas a pour effet de réduire les sensations de fatigue en début d'après-midi.

Écarter les plats trop riches et les plats ultra-transformés. De fait, ils ont un impact négatif sur le réservoir énergétique. Le coût énergétique de leur digestion est souvent trop élevé alors que leur gain en nutriments et vitamines est rarement intéressant.

Consommer le repas le plus complet, voire chaud, à midi. En effet, le soir, nous avons besoin non seulement d'un apport énergétique moindre qu'en journée mais également d'un repas allégé qui facilite et réduit le temps de digestion et favorise, ce faisant, un sommeil de meilleure qualité. En soirée, j'opte donc généralement pour une soupe avec une tartine de pain complet et/ou une salade, si j'ai pu consommer un repas chaud à midi. Si tel n'est pas le cas, j'essaie de réduire les plats trop riches et de manger le repas le plus tôt possible pour laisser à mon corps le temps de digérer les aliments avant d'aller dormir, le ventre délesté.

Manger en suffisance des légumes et des fruits de saison, sources de nutriments essentiels, et veiller à les varier. Les privilégier aussi comme encas sains, tout comme les yaourts.

Privilégier des viandes et charcuteries maigres, par exemple de la volaille, mais aussi du poisson, des œufs et autres alternatives végétales comme **sources de protéines**.

Boire suffisamment d'eau dès le petit déjeuner et éviter les jus de fruits et sodas dont les apports en sucres sont très élevés. Limiter la consommation d'alcool en particulier en soirée, qui impacte négativement la qualité du sommeil.

Mais cela ne veut pas dire qu'il faut oublier de faire plaisir à vos papilles, le tout est de ne pas basculer dans les excès. Plus globalement, je pense que l'un des conseils les plus pertinents en matière de nutrition est d'apprendre à écouter les signaux de votre corps après avoir mangé certains aliments. En effet, certains peuvent s'avérer plus difficiles à digérer que d'autres en fonction de votre métabolisme, d'intolérances ou d'allergies et peuvent provoquer des effets indésirables. L'alimentation doit rester avant tout personnalisée, selon vos besoins et vos ressentis.

10 conseils pratiques en nutrition

- Variez votre alimentation et prévoyez des encas sains ;
- Pensez aux effets énergétiques de votre alimentation et adaptez votre alimentation en fonction de vos activités ;
- Buvez au minimum un litre et demi d'eau par jour ;
- Placez une gourde auprès de vous pour avoir l'eau toujours à portée de main ;
- Évitez de sauter les repas principaux, mais apprenez à écouter votre corps : mangez lorsque vous avez faim ;
- Mangez consciemment en portant votre attention sur les aliments qui composent votre assiette. N'occupez donc pas votre esprit pendant le repas : évitez lecture, tablette, smartphone ou télévision ;
- Prenez le temps de manger ;
- Arrêtez de manger dès que la sensation de satiété est atteinte. Évitez donc de poser les casseroles sur la table, vous risquez d'être tenté de vous resservir ;
- Nous mangeons avec nos yeux : choisissez donc une petite assiette que vous remplirez, cela vous donnera l'impression de manger davantage ;

- Attention aux régimes : posez-vous la question de savoir si vous êtes capable de maintenir ce régime alimentaire sur le long terme ou non et s'il ne présente pas de danger pour votre santé.

L'ACTIVITÉ PHYSIQUE

J'insiste ici sur le terme « activité physique ». Il s'agit bien de mettre son corps en mouvement, ce qui ne signifie pas forcément pratiquer une activité sportive. En fonction de l'activité, il est possible de recharger les trois types d'énergie. Mettre son corps en mouvement permet de déconnecter, de rafraîchir son cerveau et d'évacuer son trop-plein émotionnel.

Pour ce faire, il importe de vous respecter et de choisir une activité qui vous soit agréable et bénéfique. Rien ne sert de courir si vous détestez la course à pied. En effet, il sera sans doute peu probable que vous parveniez à maintenir cette activité sur le moyen ou long terme. Comme je le répète très souvent, **à chaque corps son sport.** On peut tous ressentir, en fonction de son état, le type d'activité dont on a besoin. Ainsi, vous pourriez préférer pratiquer habituellement une activité « douce » mais éprouver le besoin d'une activité plus intense de temps en temps. Écouter son corps et ne pas lutter contre ses propres rythmes, voilà l'un des conseils qui m'apparaît le plus sain pour l'exercice de toute activité physique.

S'il y a un nombre à retenir, je dirais 30. Trente minutes d'activités par jour au minimum. Dans une journée, pour respecter les baisses de régime qui se produisent environ toutes les deux heures, j'encourage à effectuer une activité de 10 minutes le matin, après le repas du midi et l'après-midi. Quand je communique ces données à mes clients, nombre d'entre eux me répondent qu'il leur semble difficile d'intégrer ces moments de pause dans une journée de travail. Ce à quoi je réponds : « Vous ne serez pas plus productifs en travaillant non-stop de 9 heures à 17 heures. » Au contraire, car une telle journée ne respecte pas vos rythmes. Pourquoi un sportif de haut niveau est-il capable de performer ? Notamment parce qu'il **alterne périodes d'entraînements intenses et périodes de récupération** ! Vous octroyer des moments de récupération, ce n'est pas du temps perdu, c'est un véritable investissement pour vous-même et pour les autres (avec qui ou pour qui vous travaillez) !

Dès lors que l'on met son corps en mouvement, on active le compteur d'énergie et la production des hormones dites du bonheur, ce qui crée une sensation de mieux-être en fin de journée. Instaurer ces petites pauses de 10 minutes, c'est s'offrir ensuite des moments de plus grande concentration. Comme je le répète souvent, c'est une activité 100 % gagnante !

Marcher au grand air se révèle sans aucun doute l'un des exercices physiques les plus accessibles à tous. Certaines études indiquent un nombre de pas minimum pour rester en bonne santé, par exemple 7 000 pas. Personnellement, je me suis fixé 5 000 pas quotidiens, que je respecte tous les jours. Je m'aide d'un petit outil technologique bien précieux pour vérifier si mon objectif est atteint quotidiennement : une montre connectée qui vibre également quand je reste assise trop longtemps. Pour afficher ce nombre de pas au compteur, toutes les stratégies se valent. Aller marcher au grand air, mais aussi provoquer la marche. Je me suis en effet habituée à garer systématiquement ma voiture à distance de ma destination pour m'obliger à marcher jusqu'à mon point d'arrivée. Facile et efficace.

L'activité physique constitue, comme je l'indiquais plus haut, une source de production des hormones dites du bien-être, qui luttent efficacement contre le stress : l'endorphine que l'on surnomme souvent l'hormone antidouleur ; la sérotonine qui vous apporte de la bonne humeur ; la noradrénaline, l'hormone de l'excitation qui augmente aussi les capacités d'apprentissage et la dopamine souvent décrite comme l'hormone du bonheur. L'exercice d'une activité physique permet aussi de renforcer vos capacités cognitives. Entre autres en améliorant et en prolongeant vos capacités de concentration par une action sur le cortex préfrontal et en boostant votre mémoire grâce un impact sur l'hippocampe, la zone du cerveau qui joue un rôle fondamental sur les fonctions de mémoire et d'apprentissage.

Je vous propose en fin de livre quelques petits exercices physiques très faciles qui mobiliseront les différentes parties de votre corps. Que ce soit au bureau ou chez vous, n'hésitez pas à les pratiquer et, pourquoi pas, à motiver vos collègues ou vos proches à vous suivre. Ces exercices ne nécessitent pas de vêtements spécifiques, ce qui facilite leur mise en œuvre. Les avantages sont multiples : ils vous permettent de rester actif, préviennent les douleurs et les raideurs. Choisissez ceux qui vous plaisent ou faites-les tous. Mais surtout, amusez-vous !

10 conseils pratiques pour l'activité physique

- Prévoyez des pauses au minimum toutes les deux heures pour vous mettre en mouvement durant 10 minutes ;
- Bougez au minimum 30 minutes par jour ;
- Choisissez une activité physique qui vous plait, quelle qu'elle soit (jardinage, danse, yoga, natation...), et ne cédez pas aux effets de mode ou aux injonctions extérieures qui ne vous conviendraient pas ;
- N'oubliez pas qu' « à chaque corps, son sport » : choisissez donc une activité adaptée à votre corps ;
- Écoutez votre corps : choisissez une activité physique en fonction de votre niveau d'énergie et de vos besoins du moment, qui peuvent évoluer régulièrement ;

- Prévoyez 1 heure 30 d'activité physique plus intense par semaine (2 x 45 minutes ou 3 x 30 minutes) ;
- Évitez de pratiquer une activité physique intense en soirée (moins de deux heures avant d'aller vous coucher) qui pourrait impacter négativement la qualité de votre sommeil ;
- Étirez-vous régulièrement pour garder une souplesse musculaire et éviter des douleurs ou des blessures (dorsales ou au niveau de la nuque par exemple) ;
- Variez vos activités physiques pour impacter positivement votre cerveau et améliorer vos capacités de concentration et de mémoire ;
- Rappelez-vous que chaque minute en mouvement constitue un gain d'énergie.

Après avoir passé en revue les sources d'énergie vitale, il me semble utile de revenir sur la nécessité d'instaurer ces récupérations pour alimenter notre réservoir d'énergie. Ces récupérations s'opèrent autant via les sources d'énergie vitale que via les sources d'énergie qui sont propres à notre personnalité. Ainsi, **en agissant sur votre sommeil, votre alimentation et votre activité physique, vous augmentez vos chances d'améliorer votre niveau énergétique global.** Par ailleurs, en vous réservant des moments agréables par la pratique d'activités qui vous font du bien, vous prenez soin de votre système énergétique. Pour toutes les activités qui ont la capacité de vous énergiser, que ce soient des activités physiques ou d'autres activités (cela pourrait être par exemple une soirée avec des amis, du jardinage, une soirée au théâtre,...), je vous invite à bloquer dans votre agenda des créneaux qui y sont consacrés, comme toute autre obligation. Considérez-les comme des réunions obligatoires « avec vous-même » (et le cas échéant avec des amis ou prestataires de services) qui vous permettront de récupérer de l'énergie. Pour vous aider à cibler ces activités, je vous propose de passer à la section suivante qui vous donne quelques conseils pour identifier ce qui vous booste réellement.

Boosters versus pompeurs d'énergie

Dans la balance dépense – récupération d'énergie, au fil de mes coachings, j'ai constaté que le premier challenge des personnes consistait à instaurer des moments de récupération. Les athlètes de haut niveau peuvent performer uniquement parce qu'ils ont appris très tôt à créer cet équilibre énergétique. Aucun effort n'est consenti sans récupération dans le sillage. Je n'aurais jamais pu atteindre des sommets si je n'avais pas veillé à aménager des temps intenses de récupération. Or quand la charge de travail augmente, la plupart amputent presque instinctivement les temps de récupération. Le « moins » commence à qualifier tous les leviers énergétiques : moins de sommeil, des repas moins équilibrés, moins de temps pour soi. Deviennent ainsi légion les justifications du type « je ne peux absolument pas m'accorder du temps pour tel loisir ou activités physiques ». Les activités qui se révèlent justement à même de remplir à nouveau le réservoir d'énergie sont alors sacrifiées sur l'autel de la croyance erronée du « travail efficace en apnée ». La diminution des récupérations devient alors un problème alors que l'augmentation aurait participé à la solution. Je ne cesserai de le répéter : **abusons des récupérations** ! Nous avons un contrôle (quasiment) total sur ces récupérations, l'investissement dans ces récupérations devrait devenir notre principe directeur en matière de forme énergétique. En alternant périodes de travail intense et de récupération intensive, vous constaterez avec étonnement et satisfaction la courbe d'évolution que vous emprunterez.

Pour ce faire, je vous propose de réfléchir à votre quotidien au sein duquel vous naviguez entre des tâches et activités qui vous boostent littéralement et d'autres qui vous envoient plutôt à 20 000 lieues sous les mers. Idéalement, nous devrions tenter de maximiser les uns et réduire les autres. Pour vous aider à améliorer votre équilibre énergétique, je vous propose un exercice très accessible dont l'impact se veut inversement proportionnel à sa facilité. Dans un premier temps, je vous invite à vous poser les questions suivantes :

→ Qu'est-ce que j'aime faire ?
→ Dans quel domaine suis-je doué ?
→ Que puis-je faire pendant des heures sans que cela me fatigue ?
→ Qu'ai-je souvent envie de faire ?
→ Qu'est-ce qui m'intéresse ?

Cette première liste de questions vous permet d'identifier ce que l'on pourrait nommer vos « boosters d'énergie ». Pour certains, ces boosters peuvent être la réalisation d'un nouveau projet, suivre une formation, partager un déjeuner avec un collègue sympathique, pratiquer un sport. Pour d'autres, il peut s'agir de résoudre un problème, de transmettre des connaissances, de développer des relations avec des personnes, de les aider, de pratiquer le jardinage, de jouer de la musique, de faire la cuisine, d'écrire, de voyager, etc. Ensuite, je vous suggère de vous adresser ces questions :

→ Qu'est-ce que je n'aime pas faire ?
→ Qu'est-ce que je ne peux pas faire ?
→ Qu'est-ce que je ne peux pas faire pendant des heures ?
→ Qu'est-ce que je n'ai jamais envie de faire ?
→ Qu'est-ce qui ne me procure pas de sentiments positifs ?
→ Qu'est-ce qui me génère du stress ?

Les réponses à ces questions sont de nature à vous éclairer sur vos pompeurs d'énergie. On pourrait imaginer des réponses telles que des tâches administratives, le jardinage, le manque de sommeil, la routine, l'absence d'activités physiques, certains pans de votre métier, les embouteillages, des conflits, une pollution sonore, le manque ou le surplus de soirées avec des amis, etc.

À présent, je vous invite à noter toutes les activités et tâches qui composent vos semaines, tant en ce qui concerne votre travail que votre vie personnelle et à les répartir entre les boosters et pompeurs d'énergie.

BOOSTERS D'ÉNERGIE		**POMPEURS D'ÉNERGIE**	
Au travail	Privé	Au travail	Privé

À partir de ce listing, vous pouvez déterminer celles que vous pourriez adapter, que ce soit dans un sens ou dans l'autre : les diminuer voire les supprimer si elles sont énergivores ou, au contraire, les amplifier si elles sont de nature à augmenter votre niveau énergétique. Sur quelles activités pourriez-vous avoir de l'impact ? Par ailleurs, si certains des boosters que vous aviez pointés avant ne se retrouvent pas sur le planning hebdomadaire, pourriez-vous leur offrir une place ? Un exemple, certes un peu cynique, concerne la « compagnie » de personnes toxiques. Combien de clients n'ai-je pas rencontrés qui s'évertuaient à maintenir des relations régulières avec des aspirateurs d'énergie. Et pourtant, réduire ces contacts ou les éviter complètement s'avère généralement très bénéfique pour votre santé énergétique.

En pratiquant cet exercice, vous pourrez ainsi réaliser à quel point **un ensemble de petites activités, considérées une à une sans grand impact, déchargent vos batteries dès lors qu'elles sont cumulées.** Sur base de cette liste, je vous propose d'indiquer les « problèmes énergétiques » les plus simples à solutionner, ceux qui vous demandent le moins d'énergie à résoudre. En réglant rapidement les premiers nœuds identifiés, vous gagnerez en motivation pour poursuivre l'entreprise. Au fur et à mesure de votre avancée dans le processus et de la récupération de votre énergie, vous allez également appréhender différemment des problèmes que vous aviez pointés. Tant et si bien que certains ne seront tout simplement plus envisagés comme tels. J'ai pratiqué et conseillé cet exercice à de multiples reprises. Mon observation est sans appel : cet exercice offre l'opportunité de prendre de la hauteur par rapport à son quotidien et contribue à combattre des déséquilibres énergétiques. Par exemple, en effectuant cet exercice récemment, j'ai décidé de réduire certains de mes déplacements en voiture, qui peuvent être particulièrement énergivores. C'est ainsi que pour toute première prise de contact avec de potentiels futurs coachés, j'organise désormais la rencontre à distance en recourant à une plateforme de visioconférence.

Concrètement, sur base de votre listing, posez-vous les questions suivantes :

1. Quels sont les boosters énergétiques dont vous aimeriez bénéficier plus souvent dans votre vie/travail ?
2. Comment pouvez-vous les mettre en place ?

Faites un top 5 et notez-les dans le tableau ci-dessous. Pour chacun des boosters d'énergie, réfléchissez à une action possible pour les développer davantage dans votre vie et complétez le tableau.

	BOOSTERS D'ÉNERGIE	ACTION
AU TRAVAIL		
PRIVÉ		

Concernant les pompeurs d'énergie, interrogez-vous comme suit :

1. De quels pompeurs d'énergie voulez-vous vous débarrasser ?
2. Comment pouvez-vous y parvenir ?

Faites un top 5 et écrivez-les dans la liste ci-dessous. Pensez à une action possible pour tenter de supprimer ou de réduire la place de ce pompeur d'énergie.

	POMPEURS D'ÉNERGIE	ACTION
AU TRAVAIL		
PRIVÉ		

Choisissez au moins un facteur de perte d'énergie auquel vous pouvez vous attaquer et tentez de le faire aujourd'hui ! Inspirez-vous de vos boosters et ajoutez quelque chose d'amusant à votre journée.

Changer une habitude

Instaurer des nouveaux moyens de récupération, comme par exemple, se coucher à des heures régulières, pratiquer une activité physique, mieux s'hydrater, requiert souvent un changement d'habitude. Ces changements demandent des efforts certains au départ, qui vont s'amenuiser au cours du temps pour disparaître définitivement. On pourrait comparer cela à un itinéraire que l'on doit suivre pour la première fois, sans GPS bien sûr. Au début, on est hésitant, il nous faut un certain temps pour le trouver et le retrouver ensuite. **Mais à force de prendre chaque fois le même chemin, nous finissons par l'intérioriser complètement et par l'emprunter presque inconsciemment.** Vous devrez compter en moyenne trois à quatre semaines pour instaurer ou changer une habitude. La tâche est plus laborieuse au départ car le cerveau résiste, mais l'effort se veut de plus en plus léger avec le temps. Pour éviter de vous décourager, je vous invite à changer une seule habitude à la fois, sinon l'énergie nécessaire et les difficultés associées risquent d'être trop importantes pour permettre aux nouvelles habitudes de perdurer.

Changer une habitude ne peut s'opérer que moyennant trois conditions. D'abord, elle doit être porteuse de sens, et donc répondre à une motivation. Ensuite, elle doit être simple à mettre en œuvre. C'est le fameux KIS pour *Keep it simple*. Par ailleurs, elle doit être facilitée par un ou des stimuli, des éléments externes qui vont favoriser sa mise en œuvre, qui vont agir en tant que déclencheurs. Par exemple, vous pourriez vouloir commencer à pratiquer la marche nordique. Vous achetez vos bâtons qui restent hélas bien plus souvent plantés devant votre porte d'entrée que sur des sentiers balisés. Pour vous aider à concrétiser votre nouvelle résolution, vous pourriez envisager divers stimuli. Placer vos chaussures de marche devant votre porte d'entrée, la compagnie d'amis (qui ne sont pas des pompeurs d'énergie évidemment) avec qui vous pourriez vous motiver mutuellement ou encore la préparation d'une playlist de musique pourraient par exemple constituer des éléments de nature à stimuler le nouvel effort. Ces trois facteurs vont aider à reprogrammer votre cerveau. Mais je le répète, cela demande un peu de discipline et d'énergie au départ.

Personnellement, je fais partie de ces personnes qui se détournent un peu trop souvent de l'or bleu. Mon coach sportif m'avait conseillé, il y a près de deux ans, de boire deux grands verres d'eau le matin au réveil. Si je ne peux cacher qu'au départ, cela a nécessité un certain effort, aujourd'hui je ne pourrais tout simplement plus m'en passer. Ce changement avait réuni les trois conditions. En effet, cette habitude était à mes yeux, et l'est toujours, essentielle et donc pleine de sens : elle permet de m'hydrater. Elle est d'une extrême facilité à appliquer : il me suffit d'ouvrir le robinet. Et mon stimulus, c'est un verre d'eau déposé en permanence à côté de mon robinet ou une gourde d'eau que j'emporte partout. Un autre stimulus qui pourrait également être activé, mais dont je n'ai pas eu besoin, est technologique : le téléchargement d'une application sur votre smartphone qui vous envoie des notifications pour vous rappeler de boire de l'eau régulièrement et en quantité suffisante.

Dans un registre tennistique à présent, il m'est arrivé à plusieurs reprises de changer des éléments de mon service. J'ai constaté que si le temps écoulé entre le changement et la compétition n'était pas suffisamment long pour être parfaitement assimilé, je courais le risque de vouloir revenir à mon service initial dès que je rencontrais un problème durant le match. À l'entraînement, ces changements que j'intégrais progressivement pouvaient se montrer très concluants. Satisfaite, j'appliquais dès lors mon nouveau service en compétition. Or, pour une raison qui m'échappait, il pouvait ne pas se révéler aussi performant que lors des séances de préparation. J'avais alors tendance à vouloir réutiliser les mouvements de mon précédent service pour retrouver mes sensations. Mais entretemps, mes repères avaient changé si bien que cet ancien service avait clairement perdu en efficacité. Résultat : 20 doubles fautes dans un match, les spectateurs interrogeaient mon statut de joueuse professionnelle tandis que la confiance m'abandonnait.

Pourquoi cela nous coûte-t-il parfois tant d'efforts de mettre en place une nouvelle habitude ? Parce que naturellement, nous avons tendance à revenir à notre état initial que l'on considère comme état d'équilibre. C'est ce que nous pourrions désigner par le principe d'homéostasie. Avec persévérance et pour autant que nous y trouvons du sens, nous pouvons tous changer ou instaurer une nouvelle habitude. Mais restez bienveillant avec vous-même : une « rechute » est toujours possible. Cette dernière ne va pas forcément hypothéquer tous les efforts que vous aurez consentis jusque-là. Changer une habitude prend toujours un peu de temps, comme j'ai pu l'expérimenter avec mes changements de service. En prendre conscience, c'est déjà se donner des chances de repartir pour tenter de consolider la nouvelle habitude.

Investir dans ses talents et développer ses compétences

Si je souhaite aborder cette question dans le livre et en particulier dans ce chapitre, c'est parce que j'ai constaté à travers ma carrière de joueuse de tennis mais également de coach de carrière, qu'investir dans son talent procure beaucoup d'énergie et donc à ce titre, est source de motivation.

Le talent, c'est inné, c'est quelque chose que l'on pratique de façon naturelle, qui ne coûte pas ou très peu d'énergie. Le talent est associé à ce que l'on aime faire. Puisqu'il est naturellement en nous, il relève davantage de l'intuition et, ce faisant, est difficilement transmissible. Lorsque l'on pratique son talent, on éprouve beaucoup de plaisir et l'on est littéralement boosté. Le talent n'est pas malmené par la fatigue ou le stress parce qu'il est stable chez la personne qui en est dotée. La compétence, par contre, on l'acquiert. Et pour l'acquérir, nous devons déployer des efforts, et donc de l'énergie. **La compétence résulte d'un apprentissage.** À ce titre, la compétence est transmissible.

Certaines personnes ne se sont jamais posé la question de leur talent. D'aucunes n'hésitent d'ailleurs pas à affirmer haut et fort qu'elles n'en ont pas ! C'est une erreur, chaque être humain est l'heureux détenteur d'un ou de plusieurs talents. N'y voyez aucune arrogance, c'est un fait, simplement. Si vous avez la chance de travailler majoritairement dans votre talent, il devient un véritable booster d'énergie. Pour prendre conscience de votre (vos) talent(s) dans le cadre de votre travail par exemple, posez-vous ces quelques questions : Qu'est-ce que j'aime réaliser ? Qu'est-ce que je fais très naturellement ? Quelles tâches me donnent du plaisir ? Qu'est-ce que j'accepte volontiers de faire et au contraire, qu'est-ce que j'évite systématiquement ? Les réponses à ces questions vous permettront naturellement de déceler ce qui vous procure de l'énergie, et donc de découvrir quelles sont vos zones de talent. Peut-être remarquez-vous que lorsque vous réfléchissez à ce que vous aimez faire, vous vous sentez plus léger, voire joyeux ? C'est votre énergie que vous ressentez ! Si vous éprouvez des difficultés à répondre à ces questions, interrogez votre entourage professionnel ou proche. Peut-être serez-vous surpris des réponses et découvrirez-vous des talents dont vous n'aviez pas forcément conscience. J'attire néanmoins l'attention sur le fait qu'une compétence qui a été largement développée nécessitera moins de travail et donc d'énergie, mais n'indique pas pour autant qu'elle constitue l'un de vos talents.

L'idéal, c'est de travailler dans son ou ses talents. Mais se limiter aux talents n'est pas suffisant pour se développer. En effet, si vous souhaitez évoluer, il faut acquérir des compétences et connaissances, ce qui nécessite du travail. Pour reprendre la citation très inspirante d'un entraîneur de basket, Tim Nokte, ***« Hard work beats talent when talent doesn't work hard »*** (le travail bat le talent quand le talent ne travaille pas). L'inverse se révèle également vrai. Si votre talent est étranger à ce que vous mettez en place, vous aurez beau travailler très durement, vous risquez de ne jamais complètement briller dans ce que vous vous appliquez à réaliser, si tel est votre objectif du moins. Vous allez devoir déployer une quantité importante d'énergie sans résultat satisfaisant, ce qui finira par vous frustrer.

Mon expérience dans le tennis m'a appris que pour exceller, il faut une combinaison des deux : du talent sans travail ou du travail sans talent ne permettent pas d'atteindre les sommets. Lorsque l'on découvre son talent et que l'on veut l'utiliser, il est indispensable de questionner les compétences nécessaires à développer pour servir ce talent. En tennis, mon talent, c'était la technique, mais je n'étais pas outillée avec des armes physiques naturelles. J'ai donc énormément travaillé pour améliorer mes capacités physiques, afin qu'elles soutiennent le talent dont j'avais hérité. Si vous observez deux grands joueurs comme Nadal ou Federer, vous constaterez que l'un est une bête physique tandis que l'autre déroule un jeu technique magnifique. Pour devenir les meilleurs joueurs du monde, tous deux se sont attelés à développer des compétences différentes : Nadal a dû travailler davantage sa technique quand Federer a dû plus investir dans ses capacités physiques. La complémentarité entre talents et compétences constitue ainsi à mes yeux l'une des clés pour s'épanouir dans son travail en augmentant son énergie ou en réduisant ses pertes d'énergie, selon le point de vue que l'on adopte. Acquérir de nouvelles compétences devient alors une évidence quand on sait qu'elles vont nous permettre de continuer à progresser.

Le stress, cet indésirable

Dans notre recherche d'équilibre énergétique, il est un grand indésirable qui peut rapidement nous affecter : le stress. Si l'on veut comprendre le stress, il nous faut revenir à notre passé caverneux. La partie la plus instinctive du cerveau, appelé le cerveau reptilien, produit des hormones de stress qui sont l'adrénaline et le cortisol. Elles doivent nous aider à surmonter un danger. L'adrénaline nous porte davantage pour l'attaque – quand on partait à la chasse – tandis que le cortisol va plutôt freiner en invitant au repli : « si je sors aujourd'hui de ma grotte, je n'ai aucune chance de revenir vivant vu le nombre de lions des cavernes qui m'attendent dehors ». La production de ces deux hormones se veut donc hautement indispensable à notre survie, mais se mue en problème quand elle devient chronique.

On pourrait parler de stress positif et de stress négatif. Pour ma part, je préfère recourir à la distinction entre pression et stress. À mes yeux, le stress emporte toujours avec lui une connotation négative. Il a pour effet de freiner une personne tandis que la pression va la stimuler. Quand le stress fait irruption dans notre quotidien, nous avons cette perception très désagréable de perdre le contrôle. Alors que sous pression, nous avons toujours le sentiment de maîtriser la situation. C'est donc à la frontière entre perception de maîtrise et de perte de contrôle que se joue la différence entre pression et stress, selon moi. C'est en tout cas comme ça que je les définis. Cette perception est évidemment très liée à la personnalité, et peut varier d'un individu à l'autre. Par exemple, pour certains, la pression temporelle est très stimulante alors que pour d'autres elle est davantage paralysante et se transforme en stress. La pression peut se transformer en stress dans trois cas de figure essentiellement :

1. **Nous nous projetons négativement dans le futur**, nous anticipons un échec. Par exemple, il est 15 heures et mon supérieur me demande d'accomplir une certaine tâche pour 17 heures. Le délai me paraît trop serré, je suis persuadé que je ne parviendrai pas à satisfaire ses attentes. Je commence à me faire un film et au lieu de me concentrer sur ce qu'il m'est demandé de faire, j'investis de l'énergie dans le scénario catastrophe. Revenons au tennis. J'ai une balle de match, mais je pense que je ne vais pas réussir à la convertir en jeu, set et match. Forcément, avec cet état d'esprit, il y a peu de chances que je remporte la partie. L'énergie impacte considérablement la confiance en soi et joue un rôle fondamental sur le stress. En effet, puisque l'on ne vaut que ce que vaut notre énergie la plus faible, pour peu que je sois fatiguée physiquement et pourtant forte mentalement et émotionnellement, je réfléchirai différemment et je risque de gérer moins bien la situation ;

2. Dans la même perspective que l'anticipation dans le futur, **nous pouvons nous projeter dans un passé qui ne fut pas heureux** et croire que le scénario qui nous était défavorable va se reproduire ;

3. Dès lors que l'on prend en compte le regard extérieur, le **« que va-t-on penser de moi ? »** peut également impacter négativement notre état d'esprit et conduire au stress. Ce troisième point est également intrinsèquement lié aux deux précédents.

Finalement, c'est en se focalisant sur l'instant présent que l'on peut réduire ces transformations de pression en stress. Si, au moment même, nous ne vivons aucun élément négatif, nous ne devrions pas ressentir ce stress. C'est dès qu'il y a projection négative que le stress s'introduit insidieusement dans notre corps. Pour lutter contre ces pensées parasites et les faire taire, les sportifs de haut niveau ont développé nombre de techniques intéressantes, lesquelles permettent de reprendre le contrôle de la situation, ou du moins permettent de développer la perception de reprendre le contrôle, le plus rapidement possible. À l'image d'une hémorragie qui nécessite une réaction immédiate, le stress doit être surmonté au plus vite pour réduire les dégâts, sur le court, moyen et long terme.

Puisque les trois types d'énergie sont en interaction constante, en reprenant le contrôle sur l'une des trois, nous pouvons reprendre le contrôle sur les deux autres. Les techniques qui nous permettent de nous départir du stress peuvent s'envisager à plusieurs niveaux. Plus on est à même de les combiner, et plus on peut éloigner rapidement ce rongeur. Je vous présente celles qui m'ont été particulièrement utiles dans ma carrière tennistique, et qui me le sont encore aujourd'hui.

Visualiser l'objectif. En situation de stress, les pensées négatives nous envahissent. Pour tenter de les évacuer, les formulations positives et visualisations du résultat escompté s'avèrent particulièrement précieuses. À cet égard, il me semble très important de souligner que notre cerveau ne reconnaît pas la négation. Si nous nous disons « ne fais pas une double faute », le cerveau met la focale sur « faire une double faute ». Et donc double faute nous commettrons. En pensant de la sorte, j'alimente mes pensées négatives ; on pourrait dire que j'arrose mes mauvaises herbes. Par contre, si l'on formule l'objectif de la manière suivante : « mets la première balle dans le terrain », le seul risque que l'on prend, c'est que le résultat soit beaucoup plus concluant. En prenant du recul pour dézoomer mes craintes et me concentrer sur mes points forts et capacités, j'augmente mes chances de réaliser ce que je veux voir se produire. On pourrait dire ainsi que je prends soin de mes magnifiques rhododendrons. En somme, **dans une situation, on pense au problème, dans l'autre on se concentre sur la solution.** Par ailleurs, le cerveau n'est pas capable de distinguer la réalité de l'imaginaire. Si vous pensez à un éléphant rose, vous voyez cet éléphant rose qui pourtant n'existera jamais. Si je vous invite à fermer les yeux et à vous imaginer en train de nager dans une mer à 30 °C, vous pouvez ressentir la sensation de l'eau chaude sur vous et la légèreté de votre poids dans l'eau. Alors que vous êtes par exemple installé dans votre canapé, vous pouvez visualiser parfaitement la scène et vos sensations. C'est ce que les sportifs de haut niveau pratiquent énormément : visualiser de manière répétée et précise le geste parfait à exécuter. Ne faisant pas de distinction entre la réalité et l'imaginaire, par la simple visualisation, le cerveau a eu l'impression que vous vous êtes entraîné concrètement. Si vous pensez à une action que vous réussissez avec succès dans votre imaginaire, vous conditionnez ainsi votre cerveau à réussir cette action dans la réalité. Plus vous vous entraînez dans l'imaginaire, et plus vous augmentez vos chances de la réussir. Cette façon d'envisager demande évidemment beaucoup de travail sur soi, mais à force de répétition et d'entraînement, les bénéfices peuvent s'avérer remarquables.

Pour vous entraîner

Je vous invite à identifier toutes les fois où dans votre quotidien vous êtes imprégné par des pensées négatives. Interrogez-vous alors sur ces pensées. Pourquoi suis-je en train de penser comme cela ? D'où me viennent ces pensées ? Ces pensées sont-elles réellement fondées ? Si je change un élément négatif de ces pensées en élément positif, qu'est-ce que cela change pour moi ? Cela me permet-il de me sentir mieux ? Si malgré plusieurs entraînements, vous ne parvenez pas à pratiquer cette transformation de pensées ou si vous ne constatez pas les effets poursuivis, c'est sans doute qu'une autre technique sera plus appropriée à votre personnalité.

Respirer. Les techniques de relaxation physique appartiennent également à l'arsenal de techniques anti-stress. Quand on stresse, on respire généralement avec le haut du corps jusqu'à l'hyperventilation. Une respiration abdominale permet de se calmer, de mieux gérer les émotions et de récupérer ainsi la capacité de penser rationnellement. Certaines disciplines aident non seulement à se relaxer, physiquement et musculairement, mais également à favoriser les projections positives, telles que le yoga, la méditation, le tai-chi, la sophrologie.

Exercice de respiration

Vous pouvez le pratiquer soit assis sur une chaise, soit allongé sur un lit ou un tapis. Si vous êtes sur une chaise, veillez à avoir le dos bien droit, les pieds bien ancrés dans le sol. Pour mieux sentir votre respiration, placez votre main sur le ventre. Vous pouvez fermer les yeux ou les garder ouverts selon votre préférence.

1. Inspirez par le nez et comptez jusqu'à 3, 4 ou 5 ;

2. Gonflez le ventre en inspirant ;
3. Bloquez votre respiration pendant deux secondes ;
4. Expirez par la bouche et comptez le double du temps de l'inspiration (si vous avez inspiré jusqu'à 3 alors expirez jusqu'à 6, ...)
5. Respirez normalement quelques fois et recommencez autant de fois que vous le désirez.

Cette respiration peut être utilisée aussi bien pour déconnecter qu'avant, pendant ou après une situation qui vous semble stressante.

Se tenir droit. L'attitude corporelle peut également impacter votre gestion du stress. Épaules refermées, dos courbé, tête baissée n'aident pas à contrôler la situation. Au contraire, en reprenant le contrôle sur notre corps, en ouvrant notre cage thoracique, en arborant les épaules bien ouvertes et vers l'arrière, la mâchoire desserrée, une posture bien droite, nous pouvons reprendre le contrôle sur ce sentiment de perte de contrôle, en particulier dans le sport ou lors d'une présentation, par exemple.

Créer des rituels. Les rituels apparaissent également comme des ressources émotionnelles anti-stress. De nombreux sportifs recourent à ces techniques, avant et pendant la compétition. Un rituel consiste à mettre en place un ou une série de gestes que l'on contrôle parfaitement. C'est précisément parce que nous les contrôlons qu'ils parviennent à nous apaiser. Lors d'une partie de tennis, je pouvais aller chercher la serviette et m'essuyer alors que je n'étais pas particulièrement transpirante. Ce geste ne répondait donc pas à un besoin physique, mais à un besoin émotionnel, à la nécessité de réduire mon stress. Maîtrisant ce geste, j'avais le sentiment qu'il me permettait de reprendre le contrôle de la situation. Lorsque je servais, je laissais rebondir systématiquement trois fois la balle. Si vous y prêtez quelque peu attention, vous allez découvrir nombre de petits rituels mis en place par les sportifs de haut niveau pour gérer leurs émotions. Pour un joueur de football, il peut s'agir de faire tourner la balle d'une certaine façon avant de tirer un pénalty. Pour Nadal, c'est par exemple se tapoter d'une certaine manière durant le match ou placer ses bouteilles d'eau dans un certain ordre au changement de côté. Pour Ronaldo, au moment de tirer un pénalty, c'est reculer de quelques pas et tirer sur son short avant de s'élancer. Ces techniques peuvent sembler anodines, alors qu'elles ont prouvé, à ceux qui les mettent en œuvre, toute leur efficacité. Par ce sentiment de reprise de contrôle, **les rituels nous permettent de nous apaiser émotionnellement**, de retrouver nos esprits et de redevenir logiques dans notre réflexion et notre action. En reprenant le contrôle sur l'énergie émotionnelle, on reprend le contrôle sur les deux autres énergies : mentale et physique.

Les effets des techniques présentées seront variables pour chacun. C'est donc en les essayant et en se donnant le temps de les tester plusieurs fois que vous pourrez observer leur impact sur votre stress. Après avoir fait l'expérience de chacune d'entre elles, posez-vous les questions suivantes : Me suis-je senti moins stressé en utilisant cette technique ? Cette technique m'a-t-elle aidé ? Constitue-t-elle un bon support pour retrouver la sensation de maîtriser la situation ? Les réponses cumulées après avoir expérimenté les différentes techniques à plusieurs reprises vous aideront à connaître celles qui sont les plus efficaces pour vous.

Le sport de haut niveau m'a appris à être forte mentalement grâce à l'ensemble de ces techniques. J'ai dû développer cette capacité à affronter des situations de stress intenses et à les modifier tout de suite à mon avantage. Parce qu'en tennis, tout se joue très vite. On ne peut pas implorer l'arbitre de nous octroyer un temps de pause pour aller boire un café et discuter avec son coach de tactique ou pour aller se faire masser et relâcher les muscles. Non, **le stress doit être évacué au plus vite** pour pouvoir vaincre l'adversaire. Je n'ai pas eu la chance de pouvoir compter sur un coach mental à l'époque, mais j'en ai fait l'apprentissage grâce à l'expérience. Mon plus grand moment de stress dans ma carrière professionnelle s'est sans nul doute présenté en 2000, lorsque je jouais la balle de match pour la médaille de bronze en double aux côtés de ma partenaire, Els Callens, aux Jeux olympiques de Sydney. Soit on transformait cette balle de match et on repartait avec la médaille, soit on risquait de perdre l'ascendant. Ce stress était particulièrement complexe à gérer parce que le jeu ne dépendait pas que de moi. J'ai immédiatement lu le stress sur le visage d'Els puisque comme le dicton nous le rappelle, « l'homme a appris à parler parce qu'il ne savait pas mentir avec son corps ». J'avais 20 secondes pour pouvoir influer sur ses pensées. J'ai compris que je devais lui communiquer des éléments positifs. C'est pourquoi je lui ai dit de manière très assertive « je vais jouer la balle de match et on va la gagner ». Je me projetais positivement et j'invitais ma compatriote à en faire de même en la rassurant et en l'aidant à reprendre le contrôle sur la situation. J'avoue que j'étais tellement déterminée à gagner ce match que nos adversaires auraient dû passer sur mon corps pour nous battre. Cette projection positive a fonctionné : nous avons remporté le match et avons offert une médaille de bronze à la Belgique.

Les hormones antidotes au stress que sont l'endorphine, la sérotonine, la dopamine ou encore la noradrénaline aident à réguler les hormones du stress. Les moments de récupération, tels que je les ai évoqués plus haut, aident ainsi à les stimuler. Le stress chronique s'installe lorsque la balance énergétique devient déficitaire quotidiennement. Il n'arrive pas du jour au lendemain, mais s'immisce dans vos journées progressivement, souvent insidieusement. Seule la vigilance peut aider à éviter que le stress ne prenne définitivement ses quartiers chez vous. En décelant les premiers signaux d'alerte qui peuvent consister en de petits maux de tête, de ventre, une plus grande irritabilité, une plus grande difficulté de concentration, on augmente ses chances de congédier rapidement cet invité. Ces signes avant-coureurs peuvent se révéler d'ordre physique, mental ou émotionnel. **Je vous invite à écouter les messages que votre corps vous envoie.** Vous sentez-vous anormalement inconfortable ? Avez-vous l'impression d'être dérangé par des (petits) maux inhabituels que vous ne pouvez pas associer à une cause déterminée ? En les détectant le plus précocement possible, vous pouvez plus facilement les contenir et les faire disparaître au bout de quelques jours.

Et comment y parvenir ? En déployant des moments de récupération, bien sûr ! Puisque le stress résulte, notamment, d'un déséquilibre énergétique, l'un des premiers moyens pour le « remercier » consiste à mettre en place ces activités de récupération. D'une part, je vous invite à vous rappeler l'importance des sources d'énergie vitale : veillez à bénéficier de suffisamment d'heures de sommeil, essayez de vous coucher à des heures régulières, hydratez-vous en suffisance, prenez soin de votre alimentation, instaurez des moments d'activités physiques, douces ou plus intenses selon vos besoins. Et octroyez-vous également des activités que vous aimez particulièrement pratiquer et qui ont la capacité de vous rebooster.

Mais si l'on ignore ces signaux, ceux-ci vont s'intensifier et devenir constants avec le risque d'aboutir à un épuisement. En plaçant ces signaux sur un continuum, on passerait du stade d'alerte où les signaux sont ponctuels (par exemple, une nuit où vous sentez votre sommeil perturbé) au stade de résistance où les signaux deviennent chroniques (par exemple, vous vous réveillez toutes les nuits à 3 heures du matin depuis trois semaines) pour enfin atteindre le stade ultime d'épuisement. Si les signaux des deux premiers stades peuvent encore être distingués en fonction de la dimension physique, mentale et émotionnelle, il n'est plus possible d'opérer une telle différenciation au dernier stade. En général, lorsque l'on atteint l'épuisement, c'est le corps qui lâche : incapacité à se lever, à sortir de son lit, à se tenir droit, à se mouvoir, plus aucune énergie. Or ce ne sont pas des jours que nécessite la sortie de ce stade ultime, mais des mois, voire pour certains des années. En y regardant de plus près, on ne s'y trompe pas : mieux vaut prévenir que guérir. Pour sortir d'un état d'épuisement, on commence souvent par remettre petit à petit son corps en mouvement. Tel le principe de dynamo, cela va permettre de récupérer l'énergie nécessaire à la reconstruction. Le premier conseil que je formule toujours se résume à aller marcher. Mais lorsque l'on atteint le paroxysme du déséquilibre énergétique, marcher seulement quelques minutes par jour peut déjà relever d'un exploit. C'est donc progressivement mais sûrement que l'on va réinvestir la dimension physique.

Aussi, dans un contexte professionnel, il en va, à mes yeux, de la responsabilité de la hiérarchie de pouvoir pointer des signes qui traduisent un stress trop important et anormal chez ses collègues. Des réactions inadaptées ou inhabituelles chez l'un de ses collaborateurs, qui se répètent et se renforcent doivent alerter les responsables. Souvent, dans les cas de burn-out, les personnes elles-mêmes n'ont pas perçu le mal qui les guettait, qu'elles l'aient ignoré ou qu'elles ne l'aient tout simplement pas conscientisé, alors que l'entourage affirme souvent a posteriori qu'il avait vu le problème poindre à l'horizon très proche.

Des signes de stress peuvent être facilement identifiés, j'en ai énuméré quelques-uns dans le tableau qui suit. Cette liste ne se veut donc pas exhaustive, mais présente uniquement un caractère exemplatif.

	SIGNES D'ORDRE PHYSIQUE	SIGNES D'ORDRE ÉMOTIONNEL	SIGNES D'ORDRE MENTAL
Stade 1 : Alerte	• Maux (tête, ventre, dos) • Sueur • Douleurs musculaires • Problèmes ORL	• Méfiance • Peur • Irritabilité • Colère	• Indécision • Confusion • Étourderie • Préoccupation • Doutes
Stade 2 : Résistance	• Problèmes digestifs • Problèmes de sommeil • Tremblements • Problèmes cutanés • Allergies • Petites maladies	• Anxiété • Isolement • Perte d'intérêt • Autocritique • Pleurs	• Problèmes de mémoire • Perte de créativité • Peur de tout nouveau changement • Fixation sur le passé • Blocage sur les détails • Lenteur intellectuelle
Stade 3 : Épuisement	• Burn-out ou bore-out ou dépression • Déclenche des problèmes digestifs multiples • Affaiblit le système immunitaire • Augmente les risques d'accidents cardiovasculaires		

La crise sanitaire de ces dernières années constitue un exemple de générateur de stress extraordinaire. En effet, cette situation a contraint certaines personnes à s'adapter très rapidement dans un contexte particulièrement difficile. C'est ainsi qu'elle s'est accompagnée pour certains d'une augmentation de charge de travail et de stress. Pour pouvoir affronter ces changements stressants, il leur a dès lors fallu décupler leurs moments de récupération. Enchaînant réunion après réunion, d'aucuns m'ont toutefois fait part de leur incapacité à placer des moments de pause dans leur planning. Dans ce cas, je les ai invités à intégrer des créneaux « pause », en somme des réunions avec eux-mêmes, dans leur agenda et à refuser toute réunion qui aurait été incompatible avec ce planning adapté. Le confinement a également entraîné pour certains travailleurs une conséquence des plus sournoises : une disponibilité permanente et épuisante. Si vous répondez systématiquement à chacun des mails dans l'heure ou si vous décrochez votre téléphone au-delà des heures de bureau, vous donnez évidemment un certain signal : celui que vous acceptez cette situation qui devient alors, du point de vue de votre interlocuteur, tout à fait normale et considérée comme acquise. Cette sur-disponibilité éreinte toute personne qui y est confrontée. Mais, hélas ou tant mieux, vous êtes la seule personne qui pouvez modifier le cours de la situation en établissant clairement vos limites, celles au-delà desquelles vous ne pouvez pas vous aventurer.

Keep it simple! Je suis une grande adepte de la simplicité. Pour être mis en pratique, un conseil doit être simple et facile à mettre en œuvre. Si nous veillons à bénéficier suffisamment de sommeil, à manger de manière saine et à pratiquer une activité physique (la marche reste certainement l'activité physique la plus accessible) et à s'octroyer des hobbys qui nous procurent de l'énergie, nous pouvons œuvrer à récupérer énormément d'énergie. Si vous avez beaucoup à changer dans votre quotidien pour répondre à ces besoins, lancez-vous progressivement. Étape par étape, petit pas par petit pas. Si vous ne pratiquez pas du tout d'activité physique, commencez par exemple par marcher deux à trois fois par semaine durant 20 minutes. Au sein d'une journée, vous intégrerez plus facilement une marche de 20 minutes qu'une activité d'une heure. Progressivement, vous pourrez alors augmenter la fréquence et/ou la durée. Vous pouvez aussi commencer par changer un élément dans votre alimentation qui vous semble problématique avant de vouloir modifier l'ensemble de votre régime alimentaire. Par exemple, si vous avez pris l'habitude de manger des croissants tous les samedis et dimanches, vous pourriez vous limiter à déguster une seule viennoiserie sur votre week-end. Vous continuez ainsi à vous faire plaisir, mais vous réduisez la consommation d'aliments peu intéressants pour votre forme énergétique. Chaque mois, si votre changement est concluant, ajoutez-en un autre. Si vous allez dormir très/trop tard tous les jours et manquez de sommeil, commencez par avancer votre coucher d'un quart d'heure, en vous aidant d'un rituel d'endormissement. En début du mois suivant, renforcez votre habitude de quelques minutes. Si vos semaines ne comprennent aucun moment de détente pour vous-même, essayez de dégager un peu de temps une fois par semaine ou tous les 15 jours dans un premier temps en vous fixant un rendez-vous avec « vous -même » dans votre agenda. Pour tous ces changements, aidez-vous d'un stimulus. Et surtout faites preuve de bienveillance à votre égard : comme je vous le confiais, changer une habitude requiert un certain temps.

...pour booster votre motivation

Aborder la question de la motivation est apparu assez rapidement essentiel car elle est intimement liée à la question de l'énergie. Sans motivation, pas d'énergie à déployer dans ce que nous entreprenons et inversement. Dans ce chapitre, il s'agit d'interroger ce qui se trouve au fondement de notre motivation. Comment peut-elle être renforcée et comment peut-elle nous aider à évoluer dans notre voie ?

Du sens dans ce que vous entreprenez

Si je devais pointer un élément fondamental dans la motivation, ce serait le sens. Notion absolument incontournable. Qu'est-ce qui fait sens pour moi ? Si ce que je suis employé à réaliser est dénué de sens, comment cette activité peut-elle me motiver ? Ce n'est pas tant ce que je fais mais la raison pour laquelle je le fais qui importe pour maintenir la motivation à flot. Autrement dit, la question du sens renvoie à la question du « Pourquoi ? » : Pourquoi fais-je ce que je fais ? Pourquoi ai-je choisi ce métier ? Pourquoi cette activité est-elle importante pour moi ? En répondant à ces questions, vous pourrez répondre à la question du sens, à comprendre ce qui vous anime au quotidien. Quand on sait et que l'on comprend les raisons de ce que l'on fait, on active sa motivation et on fait le plein d'énergie. A contrario, si cette réponse n'est pas convaincante, votre motivation risque d'être écornée si elle n'est pas déjà en voie de l'être et votre énergie globale en sera forcément impactée.

Bien sûr, le monde parfait n'existe pas. Certains pans d'un métier sont moins épanouissants que d'autres. Tant que la part savoureuse reste plus généreuse que la part moins sapide, cela devrait être acceptable. Dès que les proportions deviennent équivalentes, il me semble alors nécessaire de commencer à se poser des questions. Quoi qu'il en soit, consacrer des moments à prendre un peu de hauteur pour identifier ce qui nous motive encore tous les jours à travailler, c'est nous aider à revenir à l'essentiel dans les moments difficiles et se rappeler pourquoi, malgré ces difficultés, on continue à s'investir.

Quand on analyse mon parcours, d'aucuns estiment que j'ai dû consentir de nombreux sacrifices quand j'étais jeune pour évoluer en tennis : pas de boums et soirées avec mes camarades, pas de virées entre amis ou autres mouvements de jeunesse, etc. Et pourtant, je n'ai jamais éprouvé aucune forme de sacrifice. Jamais. J'étais tellement portée par cet objectif, celui de devenir une championne de tennis, que la rigueur et la discipline s'imposaient naturellement et logiquement à moi. Pas une seule fois, je n'ai eu le sentiment de me priver de quoi que ce soit d'essentiel puisque mon essentiel à moi était ailleurs que là où on le trouve habituellement chez les jeunes.

Osez rêver !

Vous l'avez sans doute déjà lu à de multiples reprises, que ce soit dans des livres, des témoignages ou même dans ces petites citations qui inondent les réseaux sociaux. Et pourtant, je me dois de le partager également avec vous : rêver grand ! C'est l'histoire de ma vie ! Depuis mes cinq ans, je n'ai rêvé que de cela : emprunter le coup droit et l'élégance du jeu de Chris Evert, porter ses tenues, devenir cette championne de tennis. Je me voyais fouler les plus prestigieux courts de tennis, ceux de Roland-Garros et de Wimbledon. Je voulais les connaître dans les moindres recoins. Lorsque je rentrais de l'école, je filais dans le jardin pour taper la balle des heures durant. Quand le tournoi de Wimbledon commençait, ces heures étaient encore redoublées. Je respirais tennis, je mangeais tennis, je transpirais tennis. Je ne faisais plus qu'une avec cette idée, celle de devenir un jour la plus grande championne belge de son époque.

Rêver, c'est se donner une vision. Une vision offre un horizon avec des étapes qui peuvent être découpées en objectifs concrets. Il faut certes travailler dur pour transformer l'onirique en réel, mais le rêve peut devenir un moteur incroyable vers le futur. Évidemment, pour y arriver, il est indispensable de s'entourer des personnes qui pourront vous aider et vous soutenir. En effet, l'entourage pèse énormément dans nos possibilités à atteindre nos ambitions. Je dois reconnaître la chance inouïe dont j'ai bénéficié en pouvant compter sur des parents très soutenants dès la manifestation de mon intérêt débordant pour ce sport. Ils m'ont toujours prise au sérieux. Ils auraient très bien pu refuser la voie que j'étais en train de tracer, et m'imposer un chemin plus conventionnel, plus sécurisant, celui des études. Non, au lieu d'enterrer mes rêves, ils ont préféré m'écouter et accueillir avec sérieux, respect et engagement ce besoin irrépressible de briller sur les courts de tennis. Mais plus encore. Ils m'ont épaulée contre vents et marées, ils m'ont véritablement portée. Et en particulier ma maman qui n'a cessé de me stimuler positivement.

J'ai commencé les cours de tennis à neuf ans, ce qui est somme toute relativement tard. Très vite, j'ai été repérée dans ma région verviétoise d'origine. Ma première entraîneuse, Michèle

Gurdal, qui a également coaché David Goffin, a cru immédiatement en mon potentiel. Elle a œuvré avec son précieux talent à consolider mes forces et à travailler mes faiblesses, à me faire grandir en tant que joueuse, tant et si bien qu'à 15 ans je célébrais le titre de championne de Belgique en catégorie moins de 16 ans. Je n'ai cessé de travailler dur pour pouvoir concourir à l'international. C'est à 18 ans que j'ai décidé de devenir professionnelle, à la fin de mes études secondaires. Quand je suis arrivée sur le circuit pro, j'ai à nouveau dû me battre comme un fauve. Tant que je n'étais pas bien classée, j'ai eu à souffrir nombre d'injustices, qui ne pourraient plus se produire aujourd'hui grâce au système de caméras intelligentes qui filment tous les matchs. Je ne compte pas le nombre de fois où des balles sortant de plus de 50 centimètres du terrain étaient validées par des arbitres peu scrupuleux, qui avaient reçu pour consignes de faire passer à tout prix les grands noms du moment. Malgré ces iniquités qui auraient pu m'abattre, j'ai continué à m'entraîner sans relâche, et à me relever autant de fois que nécessaire. Non seulement parce que j'étais habitée par cette motivation intrinsèque, par ce rêve de gosse qui ne m'avait jamais quittée. Mais également parce que j'étais incroyablement entourée et épaulée.

S'entourer bien pour grandir mieux : cela semble une évidence. Pourtant force est de constater que ce conseil est parfois difficilement mis en pratique. S'entourer de personnes bienveillantes et constructives, tant dans la vie privée que professionnelle, contribue à créer un environnement sain et serein sur lequel on peut s'appuyer pour évoluer, contribue à soutenir notre motivation. Fréquenter ces personnes nous permet de renforcer (mutuellement) notre énergie. Aujourd'hui d'ailleurs, dans le sport de haut niveau, mais également plus globalement dans la société, il est intéressant de noter une tendance à l'(hyper) spécialisation des métiers qui peut favoriser la qualité de l'entourage professionnel. Avant, le coach occupait toutes les fonctions en même temps : de manager à kiné, de préparateur physique à coach mental. Cette situation m'a d'ailleurs été particulièrement préjudiciable à un moment de ma carrière. Un entraîneur de tennis qui s'est improvisé préparateur physique m'a enjoint, avec d'autres athlètes, à courir des sprints sur une surface bétonnée. Il ne m'a pas fallu beaucoup de mètres pour abîmer définitivement les articulations du genou. Aujourd'hui, la donne a changé, les athlètes sont entourés par une armada de professionnels aux expertises bien spécifiques. Ils peuvent ainsi bénéficier d'une multitude de talents pour s'améliorer. D'ailleurs, lorsqu'un athlète gagne une compétition, il ne remercie plus seulement un entraîneur, mais toute une équipe. Le challenge nous revient alors de choisir les personnes qui vont intégrer notre équipe. Cela ne s'applique pas uniquement au milieu sportif. S'entourer des bons spécialistes dans sa vie privée et professionnelle permet également de s'améliorer là où nous le souhaitons. Que ce soit un médecin, un comptable, un coach de vie, de bons collaborateurs,... l'ensemble de ces personnes vont influer inévitablement sur votre vie et sur votre capacité à développer votre plein potentiel.

Les drivers, ces messages qui ont façonné notre personnalité

Au cours de mes coachings de carrière, j'ai constaté que la mobilisation du concept de « drivers » pouvait s'avérer particulièrement utile pour aider mes clients à se réaligner professionnellement. Ce concept trouve son origine dans l'analyse transactionnelle, une approche thérapeutique développée par le psychiatre canado-américain Éric Berne dans les années 1950, basée sur une théorie de la personnalité et de la communication. Au sein de ce courant thérapeutique, le psychologue américain Taibi Kahler a identifié cinq « drivers », une forme de messages contraignants, qui nous guident dans nos actions, mais qui peuvent également agir de manière perverse lorsqu'ils prennent une place démesurée. Sois parfait, sois fort, dépêche-toi, fais plaisir, fais des efforts constituent ces injonctions qui nous ont été transmises par nos parents ou autres figures d'autorité, de manière plus ou moins forte, plus ou moins rigide. Ces drivers impactent très largement notre façon de fonctionner, on ne peut pas les changer mais en prendre conscience peut nous aider à mieux les gérer.

Les drivers imprègnent notre personnalité dans l'enfance, entre nos 3 et 12 ans environ. Durant cette période, l'enfant recherche inlassablement et inconsciemment à répondre aux attentes de ses parents et à être aimé inconditionnellement. En somme, il lutte contre cette crainte originelle de l'abandon. Dès lors, chacun de nous a intégré des mécanismes et des comportements pour satisfaire ses parents, pour se prémunir contre toute forme de rejet et s'assurer qu'ils restent proches de soi en toute circonstance. Ces comportements procurent à l'enfant un sentiment de sécurité et de contrôle, et viennent l'apaiser. Si l'enfant ne reçoit pas (suffisamment) d'appréciation positive, il déploiera encore davantage ces comportements pour retrouver le sentiment de contrôle de la situation et sera pétri plus encore par ces messages qui le poursuivront jusqu'à l'âge adulte.

Ces cinq drivers cohabitent chez tout le monde, mais deux à trois d'entre eux se veulent plus dominants. Tant la combinaison que l'ordre des drivers impactent notre façon de répondre aux stimuli externes. Ils influencent directement notre capacité à utiliser nos talents et peuvent agir autant positivement que négativement : ils peuvent nous faire perdre de l'énergie et nous inhiber ou, au contraire, nous faire déborder d'énergie et véritablement nous propulser. Un environnement propice à nos drivers nous aide ainsi à utiliser et développer nos talents. A contrario, si nous évoluons dans un contexte qui nous semble hors de notre contrôle, nous risquons de nous adapter en surinvestissant certains drivers.

En d'autres termes, un environnement qui ne correspond pas à notre personnalité va nous poser rapidement problème dans notre équation énergétique : nous allons essayer de compenser ces incompatibilités en employant un driver de manière exagérée. Conséquence presque immédiate : une perte de connexion avec notre environnement et une incapacité à utiliser nos talents.

Grâce à la connaissance de nos propres drivers, nous pouvons identifier les environnements plus adaptés et favoriser le développement de nos talents. Mais surtout, nous pouvons mieux comprendre nos réactions problématiques et trouver des solutions, comme vous pouvez le découvrir dans les tableaux en fin de section. Puisqu'ils font partie intégrante de notre personnalité, nous ne pouvons pas les modifier. Connaître ces aspects de notre personnalité ouvre la voie vers une meilleure acceptation de nous-même et une plus grande indulgence à notre égard. C'est ainsi : tantôt ils constituent un moteur qui ne peut plus nous arrêter, tantôt ils appuient sur la pédale de frein qui rend nos tâches plus difficiles.

Parcourons ensemble les cinq drivers. J'espère que vous vous reconnaîtrez dans ceux qui se révèlent les plus marquants chez vous et amusez-vous surtout à (re)découvrir vos grandes qualités et vos petits défauts. Après la lecture des drivers, reportez-vous au dernier chapitre du livre et faites-y le test qui vous aidera à définir le ou les drivers qui vous correspondent le plus. Sur base de vos résultats, vous verrez alors si vous aviez vu juste !

SOIS PARFAIT : CONTRÔLE DE L'EXACTITUDE

Avec un driver « Sois parfait », vous recherchez la perfection dans ce que vous réalisez. Vous avez besoin de temps pour vous montrer à la hauteur de votre perfectionnisme. Ce temps vous permet de tout contrôler dans les moindres détails et vous donne de l'énergie. Le perfectionnisme devient alors un atout absolu.

Par contre, si des délais (serrés) vous contraignent, vous craignez de ne pas pouvoir répondre à vos exigences de perfection. Vous vous perdez dans les moindres détails et vous ne parvenez plus à prendre de recul par rapport à la situation.

Vous préférez réaliser les tâches par vous-même que les déléguer et vous vous montrez particulièrement critique à votre égard. Le contexte de travail vous sera favorable si vous disposez de temps et vous sera dommageable si vous devez respecter de nombreux délais.

Si vous êtes un « Sois parfait »

VOS DÉFIS :

Apprendre à vous fixer des limites, à vous satisfaire d'une certaine qualité, à apprécier ce qui est bien réalisé.

QUELQUES CONSEILS PRATIQUES :

- Rappelez-vous que personne ne peut être parfait, vous non plus ;
- Fixez-vous des critères réalistes pour les tâches que vous devez mener ;
- Appréhendez une erreur comme une opportunité d'apprendre ;
- Restez attentif aux délais qui sont fixés ;
- Ne vous perdez pas dans les détails.

FAIS PLAISIR : CONTRÔLE SUR LE FAIT D'ÊTRE AIMÉ

Le « Fais plaisir » a acquis dans ses plus jeunes années à faire preuve de serviabilité et à se montrer conciliant.

Dans un contexte adulte, vous vous distinguez par votre altruisme et vous vous assurez que les personnes que vous côtoyez se sentent bien en votre compagnie, avec en filigrane ce besoin qu'elles ne se détournent pas de vous. On pourrait résumer votre attitude par une phrase du type « Je suis très attentif à toi, mais j'attends en retour que tu restes avec moi et que tu m'apprécies ». En somme, vous donnez pour recevoir.

Dire non relève d'une véritable gageure pour vous. Même si vous ne désirez pas répondre positivement à certaines sollicitations, refuser signifierait prendre le risque de ne pas être aimé, ce que vous craignez par-dessus tout. Vous effectuez donc beaucoup pour les autres sans en éprouver réellement l'envie. Vous risquez de tomber dans une dépendance affective et finir par vous oublier. Vous rencontrez également beaucoup de difficultés à défendre votre point de vue dans les discussions ou conversations.

Vous avez le besoin de vous sentir utile et de soutenir les autres. Vous témoignez d'une grande flexibilité et vous vous adaptez très rapidement à votre environnement.

Vous devez évoluer dans un milieu qui traite tout le monde de manière égale. Par contre, si votre entourage proche ou professionnel se révèle confrontant et ne prend pas soin de vous, vous développerez un sentiment aigu d'inconfort.

Si vous êtes un « Fais plaisir »

VOS DÉFIS :

Apprendre à dire non, à penser à vous, à consacrer du temps à vous détendre, à ne pas prendre les commentaires personnellement.

QUELQUES CONSEILS PRATIQUES :

- Apprenez à mettre vos limites avec gentillesse mais détermination ;
- Apprenez à prendre soin de vous, à vous octroyer des moments agréables rien que pour vous ;
- Apprenez à demander un service, une faveur ;
- Dites clairement ce que vous n'aimez pas ;
- Entraînez-vous à dire « non ».

SOIS FORT : CONTRÔLE DES RESPONSABILITÉS ET DES RÉSULTATS

Le driver « Sois fort » vous conduit à prendre des responsabilités et à vouloir obtenir des résultats. Enfant, vous avez reçu le message que vous deviez être fort, assumer vos propres responsabilités, taire vos sentiments comme la tristesse et la douleur. Faire montre de courage vous assurait la proximité et l'appréciation de vos parents.

Une mission que vous acceptez se retrouve assurément entre de bonnes mains, mais vous voulez la planifier et la réaliser selon vos propres critères. Vous voulez prendre les décisions et déterminer vous-même les règles de votre terrain de jeu pour atteindre le résultat escompté. Si vous vous retrouvez dans un environnement caractérisé par de nombreuses procédures qui ne vous permettent pas de mener à bien vos tâches selon la façon qui vous semble la plus appropriée, vous allez entreprendre tambour battant de changer ces procédures, sans hésiter à presser votre entourage pour y parvenir. Il est une certitude : vous ne souhaitez pas être contrôlé par qui que ce soit dans vos actions. Vous démontrez une grande détermination et vous disposez de la capacité d'opérer les tâches avec un sang-froid remarquable.

Vous pourrez vous épanouir dans un environnement où vous bénéficiez d'un espace complet d'autonomie et où vous endossez d'importantes responsabilités. Vous aimez planifier et exécuter les tâches vous-même. À l'inverse, vous déprimerez dans un milieu procédural, très contrôlant. En effet, seul le résultat vous importe et ce n'est qu'à l'aune de celui-ci que vous voulez être jugé. Vous témoignez très peu de confiance à l'égard des autres. Si l'on vous confie trop peu de responsabilités, vous vous ennuyez et vous adoptez très rapidement un mode démissionnaire.

Si vous êtes un « Sois fort »

VOS DÉFIS :

Vous montrer plus ouvert, accepter vos vulnérabilités et exprimer vos émotions.

QUELQUES CONSEILS PRATIQUES :

- Apprenez à surveiller votre charge de travail ;
- Octroyez-vous des pauses régulières ;
- Apprenez à solliciter de l'aide auprès d'autres personnes et observez comment vos relations s'améliorent lorsque vous laissez les autres vous aider ;
- Apprenez à pratiquer un hobby amusant.

FAIS DES EFFORTS : CONTRÔLE DE L'APPRÉCIATION

Un « Fais des efforts » a appris dès l'enfance qu'il devait toujours mener quelque chose de spécial pour être apprécié de la personne la plus importante à ses yeux.

Très tôt, vous devenez curieux et vous découvrez sans cesse de nouveaux exploits à réaliser pour briller auprès de la personne convoitée et recevoir de sa part un jugement très favorable.

En tant qu'adulte, vous recherchez et choisissez votre mentor, celui qui vous applaudira. Vous ne vous sentez utile que si vous parvenez à recevoir l'appréciation positive de sa part et vous ne vous surpassez que pour lui. Contrairement aux personnes dotées du driver « Fais plaisir » qui veulent combler tout le monde, vous ne souhaitez vous distinguer que pour une seule personne (ou quelques-unes).

Vous voulez être considéré comme le meilleur, comme exceptionnel. Vous recherchez à réaliser ce que personne avant vous n'aurait pu mener à bien ou même imaginer effectuer. Vous voulez sortir du lot. Vous souhaitez vous engager dans un travail atypique ou entreprendre des études spéciales, vous vous adonnez à un sport ou un hobby exceptionnel. Vous soulevez des montagnes pour prouver à votre mentor que vous êtes capable d'atteindre un objectif si ce dernier avance le contraire.

Vous dévoilez une faim inextinguible de nouveauté, et vous affichez une soif intellectuelle particulièrement prononcée. Vous témoignez d'un besoin de reconnaissance excessivement élevé et vous ne cessez de vous lancer des défis auxquels vous répondez en déployant tous les efforts nécessaires et une persévérance hors norme.

Vous vous sentez à votre place là où vous pouvez admirer une personne pour qui vous voulez exceller. A contrario, vous vous éteindrez si votre responsable ne vous inspire pas suffisamment de respect.

Si vous êtes un « Fais des efforts »

VOS DÉFIS :

Apprendre à vous demander si les efforts poursuivis pour exceller relèvent véritablement de votre volonté.

QUELQUES CONSEILS PRATIQUES :

- Analysez les exigences d'une tâche et limitez-vous à faire ce qui est vraiment nécessaire ;
- Établissez un calendrier pour vous-même et respectez-le ;
- Trouvez des moyens créatifs pour rendre intéressant un travail que vous trouvez ennuyeux ;
- Réalisez une liste de contrôle pour vous assurer que vous n'avez rien oublié ;
- Félicitez-vous lorsque vous avez terminé une tâche.

DÉPÊCHE-TOI : CONTRÔLE DU RYTHME ET DES PRIORITÉS

Un « Dépêche-toi » a appris très tôt à s'occuper en permanence et à exécuter beaucoup d'activités ou tâches en même temps.

En tant qu'adulte, vous êtes l'exemple même de la personne multitâche : vous pouvez et surtout vous voulez accomplir de nombreuses tâches en même temps, et en fonction de vos propres priorités. Vous souhaitez réaliser le plus possible dans un laps de temps le plus court possible. Pour ce faire, vous préparez des listes (imaginaires) tous les jours, qui ne cessent de s'allonger car vous oubliez que le temps ne bénéficie pas de propriétés élastiques.

Vous avez une capacité de concentration très élevée sous la pression du temps, ou dès lors que vous souhaitez terminer une tâche dans un délai que vous vous êtes imposé. Le temps vous insuffle une force motrice exceptionnelle. Vous êtes généralement capable d'abattre une quantité de travail impressionnante. Mais vous ne refusez pas non plus une invitation à la flânerie, de temps à autre.

Vous êtes de ceux qui peuvent s'ennuyer facilement et d'instinct curieux, vous voulez toujours vous essayer à de nouvelles perspectives et en faire davantage. Vous avez développé ce sentiment persistant que vous ne voulez perdre aucune miette de rien et vous ne voulez manquer aucune expérience qui en vaille la peine. En d'autres termes, vous voulez avoir goûté à tout et avoir tout vécu.

Un contexte marqué par une pression du temps vous est particulièrement adapté tandis que vous risquez de vous éteindre si votre contexte de travail est caractérisé par une certaine lenteur.

Si vous êtes un « Dépêche-toi »

VOS DÉFIS :

Apprendre à gérer votre temps de manière réaliste, à travailler étape par étape et à faire des pauses.

QUELQUES CONSEILS PRATIQUES :

- Veillez à faire preuve de précision ;
- Planifiez votre travail en prévoyant des étapes intermédiaires ;
- Apprenez à écouter votre interlocuteur jusqu'à ce qu'il ait terminé de parler ;
- Parlez plus lentement et assurez-vous d'avoir été compris par votre interlocuteur.

Quant à moi, les deux drivers les plus dominants sont... Vous avez deviné, n'est-ce pas ? La combinaison gagnante est bien sûr un cocktail sportif de... « fais des efforts » et « sois parfaite ». Sans ces drivers, je n'aurais certainement pas recherché à devenir une championne de tennis et réussi ce pari fou. Toute ma carrière a été guidée, et l'est toujours, par ce besoin, cette volonté de m'efforcer à pratiquer la perfection. Je dirais que la totalité ou presque la totalité des athlètes de haut niveau sont animés par le driver « sois parfait ». En effet, à un tel niveau, tout se joue à des détails. Entre mes 11 et 14 ans, mon « fais des efforts » a été particulièrement stimulé. Alors que je gagnais énormément de tournois, que l'ensemble de mon entourage régional considérait que je pouvais prétendre aux programmes nationaux (subsidiés) de formation, des sélectionneurs n'ont pas vu ou voulu voir le même potentiel, aussi pour des raisons que je qualifierais à l'époque de politique de soutien peu favorable aux athlètes wallons. J'ai encore ce souvenir vivace d'un responsable décrétant que mon service n'était pas à la hauteur de leurs exigences. Mon service ne vous convient pas ? Très bien, je ne vais rien lâcher, et au contraire, je vais me surentraîner pour perfectionner ce service et vous prouver que j'ai ma place au sein de vos rangs. Et plus encore, je vais absolument tout gagner. Si je gagne tout, vous ne pourrez plus m'opposer un refus injuste et injustifié. L'année suivante, j'étais championne de Belgique dans ma catégorie. Voilà mon type de réaction avec ce driver « fais des efforts ».

Les domaines de vie, un exercice pour se situer et se motiver

Au départ du cercle qui est représenté à la page suivante, je vous invite à constituer la roue de votre vie en réfléchissant aux différents domaines qui reçoivent votre attention, votre intérêt, qui prennent de l'espace dans votre vie. Par exemple, le travail, la santé, la famille, les amis, le ou la partenaire/la relation, les finances, le développement personnel, le plaisir et la détente, la maison, etc. Ensuite, je vous propose de dessiner un rayon dans cette roue pour chacun de vos domaines de vie et de leur attribuer une note en fonction de votre satisfaction pour chacun d'entre eux : de 1 à 10 où 1 correspond à votre degré de satisfaction le plus faible et 10 à votre degré de satisfaction maximal. Placez un point correspondant à la note sur chacun des rayons et reliez les points entre eux. La nouvelle figure forme votre roue de vie.

Ainsi, imaginons que les domaines les plus importants dans votre vie présentent les degrés de satisfaction suivants :

DOMAINES IMPORTANTS DANS VOTRE VIE	**SCORE**
Vous vous sentez épanoui dans votre vie familiale et amoureuse.	9
Vous considérez que votre vie professionnelle n'est pas suffisamment épanouissante, mais vous reconnaissez des aspects positifs.	5
Vous souhaitez pratiquer beaucoup plus régulièrement le sport que vous aimez.	3
Vous considérez bénéficier d'une bonne santé, hormis quelques soucis au niveau des articulations.	7
Vous aimez passer du temps avec vos amis, mais vous trouvez que votre vie familiale et professionnelle ne vous laisse pas suffisamment de temps à leur consacrer.	6
Vous trouvez votre situation financière moyenne.	5
Vous pratiquez votre hobby (par exemple, la chorale) régulièrement.	8
Votre logement ne vous convient pas parce que vous êtes trop régulièrement confronté à des nuisances sonores qui vous empêchent de dormir.	4

La roue de votre vie se déploierait ainsi selon le schéma suivant :

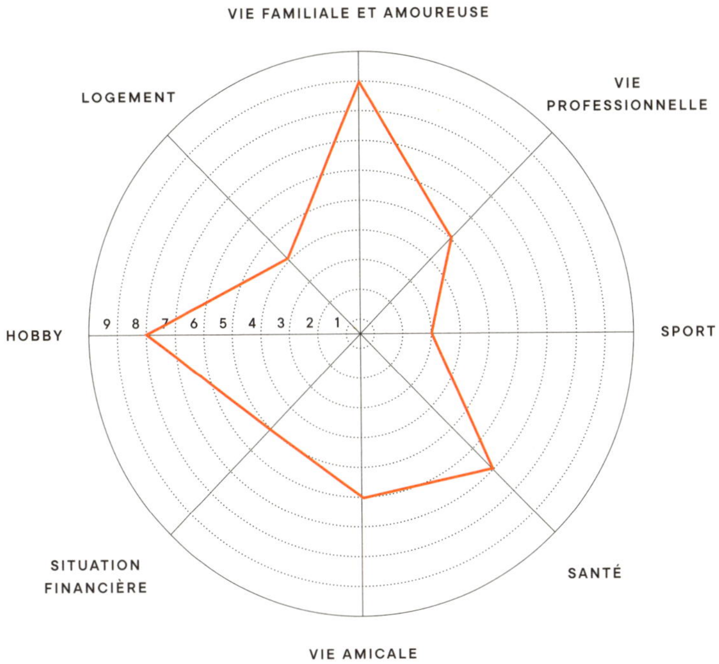

Grâce à cette roue, vous pouvez prendre conscience de ce qui fonctionne déjà comme vous le voulez dans votre vie et de ce que vous souhaitez absolument préserver. Par ailleurs, vous pouvez examiner les segments que vous voudriez améliorer. Je vous propose d'identifier les domaines sur lesquels vous aimeriez travailler en premier, pour lesquels vous désirez augmenter votre satisfaction.

Afin de vous aider dans cet exercice, je vous suggère de vous poser quelques questions en observant votre roue de vie :

→ Que pouvez-vous dire de votre roue de vie ?
→ De quoi êtes-vous satisfait ? Que voulez-vous conserver tel quel ?
→ Que souhaitez-vous améliorer ?
→ Par domaine de vie : qu'est-ce qui contribue à ce score ?
→ Avez-vous déjà été mieux positionné sur l'un des segments ? Pensez à un moment dans un passé récent où ce domaine de vie était plus satisfaisant à vos yeux. Qu'est-ce qui a changé et qu'est-ce que vous pourriez mettre en œuvre pour le modifier ?
→ Avez-vous déjà été moins bien positionné sur un segment ? Qu'est-ce qui vous a aidé à améliorer votre satisfaction ?
→ Imaginez le score maximal de 10. En quoi la situation serait-elle différente pour vous ? Et pour les personnes qui vous entourent ?

S'évaluer pour servir sa motivation et progresser

Investir en soi-même, c'est se donner les moyens de continuer à évoluer. J'ai quitté le tennis après avoir atteint le top 10 mondial et remporté une médaille de bronze en double, avec ma compatriote Els Callens, aux Jeux olympiques de Sydney. J'ai donc fait mes adieux au moment où je n'avais jamais autant performé, au sommet de mon art tennistique, pourrait-on dire. Jusqu'à la dernière seconde, je n'ai cessé d'apprendre à améliorer mes aptitudes physiques, techniques, mentales et tactiques.

Depuis que j'ai entrepris ma carrière de coaching, il ne s'est pas déroulé une journée où je n'ai pas souhaité apprendre, où je n'ai pas appris tout simplement. Dans le milieu sportif, si je ne cherche pas à m'améliorer, si je reste confortablement assise sur mes lauriers, je suis immédiatement dépassée et reléguée aux gradins des spectateurs. Il en va de même dans tous les domaines de la vie. Acquérir de nouvelles connaissances, de nouvelles compétences contribue à motiver, mais également à garder un esprit critique sur son environnement, sur la société dans son ensemble. C'est également se mettre à l'écoute d'opportunités.

Dans ma carrière, j'ai également appris à évaluer mes progrès. En me fixant des objectifs, je me donne également des critères ou des indicateurs pour les évaluer. Ensuite, je peux observer si j'ai rempli ou non ces critères fixés. Si j'y ai répondu, je peux constater ma progression qui impactera positivement ma motivation. Si je n'ai pas atteint les critères fixés, j'essaie d'en comprendre les raisons et de modifier ma stratégie si elle s'est avérée problématique. Par exemple, pour obtenir un classement dans le top 15 mondial qui était mon objectif, je me suis fixé des critères techniques/tactiques et physiques. Parmi les premiers critères, je devais atteindre les quarts de finale dans tous les tournois et au moins le troisième tour dans ceux du Grand Chelem. Pour les seconds, mon temps de récupération devait être plus rapide et je devais enchaîner des matchs sans problèmes physiques.

Certains types d'indicateurs sont aussi particulièrement intéressants à prendre en compte : des indicateurs qui peuvent refléter des objectifs relevant d'une autre logique, une logique plus centrée sur l'humain. Il s'agit d'investissement dans la personne que je suis : continuer à me développer sur le plan personnel, suivre des formations, être coaché,... En nommant et en identifiant ce type d'indicateurs, on rend visible l'invisible, et on fait évoluer positivement la motivation. Par exemple, un indicateur qui pourrait être utilisé est un type de formation à suivre dans une certaine période, la lecture d'articles concernant le domaine professionnel ou encore la participation à des événements permettant de rencontrer des experts de son secteur qui peuvent transmettre des connaissances pertinentes et intéressantes. **On reste bon dans un domaine parce que l'on continue à se former**, qu'il s'agisse d'un domaine professionnel ou non. Je suis convaincue que notre vie est un processus d'apprentissage permanent. Nous pouvons continuer d'apprendre toute notre vie. C'est certainement l'une des plus grandes leçons que j'ai tirée de ma carrière d'athlète et que je continue d'appliquer en tant que coach et dans tous les projets que j'entreprends personnellement.

Pour vous aider à fixer vos objectifs et donc vos critères d'évaluation, je vous invite à établir vos priorités sur base des rêves que vous poursuivez, qu'ils soient petits ou grands. Sur quoi avez-vous envie de vous concentrer concrètement ? En fonction de la réponse, réfléchissez aux différentes voies pour y arriver et découpez-les en objectifs. Ces derniers doivent être réalistes et temporellement définis. Par exemple, imaginons que vous souhaitez améliorer votre forme physique générale alors qu'il y a bien longtemps que vous avez abandonné toute activité physique. Pour redémarrer, vous souhaitez reprendre une activité douce mais mobilisatrice de l'ensemble des parties de votre corps. Après avoir fait de petites recherches, vous considérez que le Pilates constituerait la méthode parfaite. Votre objectif dans ce cas est de suivre des cours de Pilates une fois par semaine. Les indicateurs associés peuvent être déclinés en fréquence de votre pratique et effets sur votre forme physique tels que la réduction de courbatures ou l'amélioration de votre souplesse.

Après un certain temps, vous faites le bilan de la situation. Ai-je bien participé aux cours hebdomadaires ? Les effets escomptés sont-ils atteints ? Comment est-ce que je me sens après avoir pratiqué le Pilates ? Si les réponses sont positives, cela peut vous donner envie d'intensifier la pratique. Si, au contraire, vous n'avez par exemple pas suivi les cours de manière régulière, cela peut révéler des éléments utiles pour vous aider à réfléchir concrètement à un changement. Pourquoi n'ai-je pas suivi suffisamment de cours ? Y-a-t-il des raisons pratiques qui l'expliquent et sur lesquelles je peux facilement avoir un impact tel qu'un horaire qui est finalement peu compatible avec mon agenda ? Ou est-ce lié à un manque de motivation ? Dans ce dernier cas, vous pouvez alors réfléchir aux raisons sous-jacentes. Est-ce le Pilates qui ne me convient pas ? Est-ce éventuellement l'ambiance du cours qui ne me correspond pas et qui pourrait être différente dans un cours donné par un autre professeur ? Quelle autre raison pourrait expliquer cette absence de motivation ? Si ce sont les effets sur votre corps qui ne rencontrent pas vos attentes, essayez également d'en explorer les raisons. Le Pilates n'est peut-être pas la méthode la plus adaptée à vos souhaits. Posez-vous les questions qui pourront éclairer les raisons et vous aider le cas échéant à vous réorienter.

Quoi qu'il en soit, en se fixant des objectifs et en les traduisant en indicateurs, on s'offre un espace pour soutenir et comprendre son évolution.

Célébrez vos réussites

Enfin, lorsque l'on atteint ses objectifs, il faut pouvoir visibiliser la réussite. Durant ma carrière de tennis, j'ai toujours eu à cœur de célébrer mes succès. Que ce soit boire une coupe de champagne, aller dans un bon restaurant, m'octroyer d'autres petits plaisirs ou m'offrir un cadeau symbolique, j'ai veillé à marquer le coup de mes coups gagnants. Pas de manière extravagante, mais de façon à effectuer un arrêt sur images et à prendre conscience de la réalité des faits. Par ces petits événements, j'actais ainsi la réalisation d'un objectif. J'enchaînais tournoi sur tournoi, semaine après semaine, à une vitesse folle. Si je ne profitais pas de mes victoires, je ne pouvais que les oublier. Et les oublier risquait d'impacter ma motivation. Autorisez-vous ces moments de célébration, ils nourriront votre motivation et vous le méritez. Aussi, il faut vous convaincre que le monde se complexifie et qu'atteindre vos objectifs est loin d'être une évidence. Tout comme **il n'y a pas de petite réussite ni de petite victoire**. Pour certains, envoyer un mail peut déjà relever d'un exploit dans certaines circonstances. Cela ne doit pas nécessairement prendre une place démesurée, vous pouvez très bien célébrer votre réussite par une petite pause festive de 20 minutes. Le tout, c'est de matérialiser vos réussites et d'honorer le résultat de votre travail.

...sur votre zone de confort

Votre zone de confort est un endroit magnifique, mais rien n'y pousse. Rester dans sa zone de confort est une tendance naturelle. Parce que précisément, comme son nom l'évoque, c'est confortable. Pourquoi prendrait-on dès lors le risque de s'en éloigner et de vivre dans une forme d'inconfort ? La réponse est pourtant sans appel. Si la zone de confort nous semble plus agréable, elle nous apprend si peu sur nous et sur le monde. Or c'est en apprenant que l'on peut évoluer, que l'on peut se développer. Dans les pages qui suivent, je vous propose de revenir sur les éléments que je considère fondamentaux pour vous aider à gérer au mieux ces sorties inconfortables qui nécessitent de l'énergie et à soutenir votre potentiel de développement.

Oser sortir de sa zone de confort

Pour pouvoir évoluer, il nous faut accepter de vivre des expériences qui nous apparaissent tout à fait inconfortables au départ. Oser sortir de sa zone de confort, c'est faire le pari d'apprendre, le pari de pouvoir rebondir lorsqu'une situation difficile se présentera à soi. Si j'ai autant appris, que ce soit durant ma carrière tennistique ou durant ma carrière de coach, c'est parce que j'ai vécu des défaites, des situations difficiles dès lors que je sortais de ma zone de confort. Durant ces moments, j'ai entraîné mon cerveau à faire preuve d'élasticité, à m'adapter aux épreuves qui se sont dressées sur mon chemin. Dans le sport de haut niveau, on est en recherche permanente de ses limites, on les teste, tout en devant les maîtriser pour ne pas les dépasser. **Lorsqu'on sort de sa zone de confort, outre progresser, on apprend aussi à mieux connaître ses propres limites et donc à mieux se connaître soi-même**.

Ce processus contribue à augmenter vos capacités de résilience, ces capacités à rebondir après avoir vécu une situation difficile, voire traumatique, pour plusieurs raisons. En effet, en sortant de votre zone de confort, vous prenez davantage conscience de vos propres limites et vous pouvez identifier vos forces ainsi que vos points d'amélioration, que vous pourrez ensuite travailler. Lorsque vous serez confronté à un événement difficile, professionnel ou personnel, vous serez dès lors mieux armé pour y faire face, puisque non seulement vous connaîtrez mieux vos forces que vous pouvez déployer mais vous aurez également été amené à mettre en œuvre des moyens pour améliorer vos points plus faibles. Par ailleurs, le processus de sortie de sa zone de confort permet de déterminer progressivement les moyens qui vous correspondent le mieux pour récupérer de l'énergie quand vous devez affronter une situation compliquée.

Sortir de sa zone de confort offre un champ d'exploration idéal pour apprendre par vous-même sur vous-même. Qu'est-ce qui a bien fonctionné ? Qu'est-ce qui n'a pas fonctionné ? Pour quelles raisons ? Comment cela a-t-il bien ou moins bien fonctionné ? Que puis-je mettre en place pour répondre aux difficultés rencontrées ? De quoi ou de qui ai-je besoin pour m'aider à surmonter l'épreuve ? Faire l'expérience de la sortie de votre zone de confort, c'est vous offrir une loupe sur votre propre fonctionnement, c'est vous permettre de procéder à une introspection pour rebondir dans les prochaines situations qui produiront des mises sous pression et des stress similaires.

J'ai abordé dans les premières pages de ce livre les notions de stress et de pression. La sortie de sa zone de confort génère une forme de pression chez les individus. Or lorsque vous êtes mis sous pression, il vous incombe également de pouvoir récupérer. Toute évolution positive passe en effet par deux phases : une sortie de sa zone de confort qui implique de s'exposer, suivie de la mise en œuvre de temps de récupération, par le sommeil, l'alimentation équilibrée, l'activité physique, les hobbys, etc. Les sportifs de haut niveau ont appris toute leur vie à alterner ces moments d'efforts intenses et ces temps de récupération intensive. Sans la succession de ces phases, aucun sportif ne peut espérer pouvoir s'adjoindre un jour le qualificatif de haut niveau. Je l'ai appris très tôt et je l'ai transformé en véritable mantra, en force de vie pour ma carrière d'après tennis. Je m'oblige chaque fois à récupérer des activités qui me contraignent à sortir de ma zone de confort et qui nécessitent, ce faisant, une consommation importante d'énergie. Que ce soit en allant faire une partie de golf, en m'octroyant un temps de repos important, en écoutant de la musique lounge, en m'offrant une balade dans un parc, ou encore en m'autorisant une petite virée shopping, je m'impose toujours des moments de récupération.

Comme l'indique le schéma ci-dessus, si l'on n'instaure pas des récupérations après une telle expérience de sortie de zone de confort, on flirte avec ses limites sans s'autoriser à retrouver de l'énergie par des moyens adaptés. Avec pour conséquence de prendre le risque de vider son réservoir de carburant et de s'épuiser progressivement. En fonctionnant de la sorte, on évacue la capacité de pouvoir vraiment évoluer dans la voie que l'on souhaite suivre. Dans une expérience de sortie de votre zone de confort, je vous invite à faire preuve de bienveillance envers vous-même et à reconnaître qu'il s'agit d'un moment inconfortable qui demande de l'énergie, du courage, qui peut s'accompagner d'une certaine peur et de stress. Après un tel vécu, il est donc essentiel de vous octroyer du temps pour vous en remettre, en célébrant vos victoires comme recommandé plus haut et en instaurant bien sûr des phases de récupération.

Parfois on gagne, parfois on apprend

Parfois on atteint ses objectifs, parfois nos essais sont moins concluants. Quand échec il y a, faut-il passer son temps à se morfondre et à pleurer ? Il faut certainement se laisser le temps d'évacuer le trop-plein émotionnel. Mais une fois la déception (parfois difficilement) apprivoisée, utilisons ces épreuves pour en tirer des leçons, pour apprendre et nous améliorer. Face à ce que vous pouvez considérer comme une défaite ou un échec, je vous propose de vous poser certaines questions. Que m'a appris cette épreuve sur mon propre fonctionnement ? Que puis-je retirer de cette expérience ? Que pourrais-je améliorer ou modifier ?

Dans ma carrière tennistique, j'ai joué 477 matchs, j'en ai gagné 295 et perdu 182. Je suis donc tombée 182 fois, parfois en me faisant très mal. J'ai dû apprendre à me relever autant de fois. Ces 182 fois, je les ai également appréhendées comme 182 opportunités d'apprendre. Apprendre à comprendre les raisons de ces échecs. Apprendre ce qui fonctionne, ce qui fonctionne moins bien. Apprendre à m'améliorer. Si je n'avais pas accepté de convertir ces défaites en moyens de connaissances sur mon propre jeu, sur mon mental, je n'aurais jamais intégré le top 10 mondial, je n'aurais jamais pu arborer cette médaille de bronze autour du cou. Et soyons honnêtes, le top 10, ça se joue aux détails, à la perfection et donc à cette recherche insatiable d'améliorations. **Les champions ne sont pas définis par leurs victoires, mais comment ils récupèrent de leurs défaites.**

Pourquoi un Federer ou un Nadal peuvent-ils se targuer d'une carrière tennistique si longue ? Quelles sont les raisons qui ont les poussé à continuer ? Parce qu'ils sont convaincus qu'ils peuvent continuer à s'améliorer. Tant que nous pensons pouvoir encore progresser, nous sommes toujours animés et gagnés par la motivation. La victoire de Nadal à l'Open d'Australie au début 2022 et ensuite celle à Roland Garros en juin de la même année, qui fait de lui le premier joueur de tennis à remporter 21 et ensuite 22 titres de Grand Chelem (le tennis féminin a déjà dépassé ce record depuis un certain temps) prouve, s'il le fallait, que l'âge n'a pas de prise sur les exploits, la capacité d'apprendre et la motivation.

En 2018, la joueuse de tennis roumaine, Simona Halep, devenue n°1 mondiale, remporte Roland-Garros, atteint les quarts de finale de Wimbledon, mais se voit éliminée au premier tour de l'US Open, le dernier Grand Chelem de l'année. C'est la première fois, dans l'histoire du tennis, qu'une n°1 mondiale est écartée de l'US Open au premier tour. Certainement très déçue par sa prestation, elle doit néanmoins se plier au jeu de la conférence de presse qui lui est dédiée en tant que meilleure joueuse du moment. Sans grande surprise, un journaliste l'interpelle en lui posant une question aussi classique que peu intéressante à mes yeux : « Êtes-vous déçue d'avoir perdu ? » Sa réponse, quant à elle, s'est révélée bien plus inspirante que la question. Très dignement, elle a soutenu que si elle apprend de ses défaites, elle n'aura pas véritablement perdu et d'ajouter qu'elle continuera à apprendre et à prendre du plaisir. Elle aurait pu trouver de nombreuses raisons pour expliquer les résultats du match. Mais elle préfère nous livrer une lecture plus responsabilisante et surtout constructive, tout en rappelant que le tennis reste un plaisir pour elle et donc une source de motivation. Cette interview, qui m'a profondément marquée jusqu'à m'émouvoir, nous rappelle avec force le potentiel d'apprentissage que nous offrent les échecs.

L'état d'esprit, une condition à notre développement

Carol Dweck, professeure de psychologie sociale à l'Université de Stanford, a dédié une grande partie de ses recherches à la personnalité et aux capacités de développement des individus. Elle aboutit à la conclusion que nos succès sont tributaires de nos croyances sur nous-même, c'est-à-dire de l'idée que l'on se fait de ses propres capacités et qui peut être bien distincte de la réalité. Une croyance devient limitante ou négative si elle nous empêche d'évoluer ou de faire ce que l'on souhaite.

Pour cette auteure, certains individus sont dotés d'un état d'esprit fixe tandis que d'autres sont caractérisés par un état d'esprit de développement. Les premiers sont ainsi persuadés que tant nos qualités que nos capacités et notre personnalité sont déterminées à la naissance, avec pour conséquence une impossibilité à les faire évoluer. Ce faisant, ils n'appréhendent les situations qu'à travers un prisme très binaire de « réussite-échec ». Quant aux seconds, ils sont convaincus que nos capacités peuvent évoluer en travaillant et en faisant montre de persévérance. Ce n'est pas pour autant qu'ils considèrent que n'importe qui peut assumer n'importe quelle mission, mais leur croyance soutient que le véritable potentiel d'une personne ne peut être connu à l'avance car travail, formation et passion peuvent le transformer. Dans leur perspective, leurs échecs sont appréhendés comme des puissants révélateurs de connaissances sur soi-même et donc porteurs d'apprentissages. À l'inverse, pour des personnes avec un état d'esprit fixe, les échecs révèlent avant tout leurs faiblesses, ce qui les conduit à éviter les défis et situations nouvelles. Le schéma ci-dessous reprend les caractéristiques de chacun des états d'esprit.

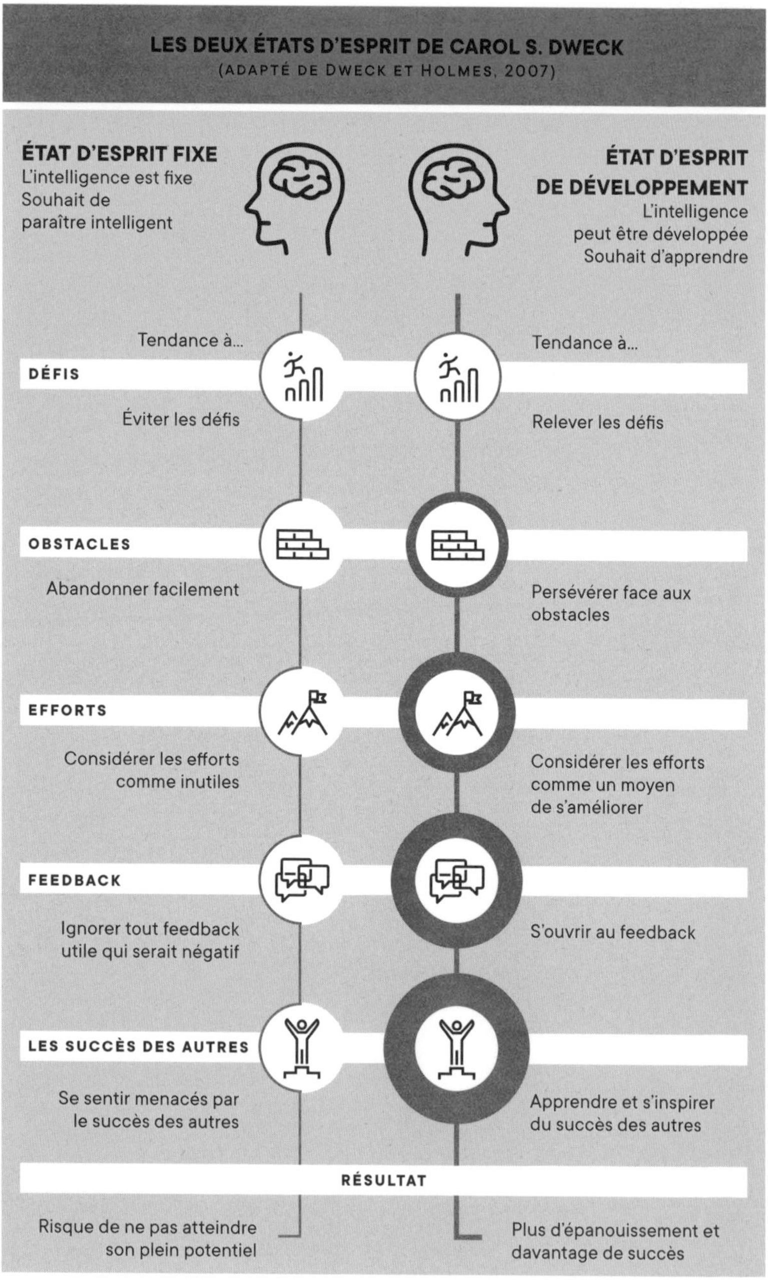
LES DEUX ÉTATS D'ESPRIT DE CAROL S. DWECK
(ADAPTÉ DE DWECK ET HOLMES, 2007)
ÉTAT D'ESPRIT FIXE
L'intelligence est fixe
Souhait de paraître intelligent
ÉTAT D'ESPRIT DE DÉVELOPPEMENT
L'intelligence peut être développée
Souhait d'apprendre
Tendance à…
Tendance à…
DÉFIS
Éviter les défis
Relever les défis
OBSTACLES
Abandonner facilement
Persévérer face aux obstacles
EFFORTS
Considérer les efforts comme inutiles
Considérer les efforts comme un moyen de s'améliorer
FEEDBACK
Ignorer tout feedback utile qui serait négatif
S'ouvrir au feedback
LES SUCCÈS DES AUTRES
Se sentir menacés par le succès des autres
Apprendre et s'inspirer du succès des autres
RÉSULTAT
Risque de ne pas atteindre son plein potentiel
Plus d'épanouissement et davantage de succès

Ces états d'esprit ont été façonnés en particulier durant notre enfance, sous l'influence de nos parents, éducateurs, enseignants. Une fois que l'on est imprégné par un état d'esprit fixe, **on n'y est heureusement pas figé à vie**. Mais la tâche requiert un important et long travail sur soi-même, qui passe par une prise de conscience de son propre fonctionnement. Être informé de l'existence de ces deux états d'esprit et identifier le sien constitue une première étape à cette prise de conscience. Par ailleurs, savoir que notre cerveau bénéficie de la capacité d'évoluer grâce à la pratique régulière d'une activité constitue une autre étape essentielle. En effet, plus on exerce une activité, et plus le cerveau va développer ou modifier les connexions neuronales. C'est ce qu'on appelle la plasticité neuronale. Accepter aussi d'intégrer l'échec dans toute stratégie d'apprentissage est nécessaire au passage d'un état d'esprit fixe vers un état d'esprit de développement. Comme je le précisais plus haut, les échecs constituent avant tout des opportunités pour apprendre et s'améliorer.

Ces observations doivent également nous amener à nous questionner en tant qu'adultes sur le risque de créer des états d'esprits fixes en collant des étiquettes aux enfants : « tu es parfait en toute circonstance » ou à l'inverse « tu seras toujours nul » sont autant de messages qui participent à la création d'un état d'esprit fixe. Par contre, des messages valorisant les efforts plutôt que les résultats seront de nature à stimuler un état d'esprit de développement.

Par ailleurs, il ne faut pas nier que la présence au sein d'une équipe d'un collaborateur avec un état d'esprit fixe peut sensiblement affecter l'énergie du groupe. Celui qui ne voit souvent pas l'intérêt de changer une façon d'opérer et d'améliorer un processus peut, à lui seul, hypothéquer les capacités de changement collectives. J'invite ainsi les managers et collègues à témoigner d'une certaine vigilance pour éviter que cette personnalité n'amenuise ou réduise à peau de chagrin la motivation de l'ensemble du groupe, et à valoriser l'état d'esprit de développement qui règne au sein de l'ensemble. En renforçant les volontés positives, on finit par entraîner les plus réticents.

Au vu de ses façons d'aborder la vie, une personne bénéficiant d'un état d'esprit de développement osera plus facilement sortir de sa zone de confort. Je pourrais ainsi postuler que cet état d'esprit représente une condition sine qua non à la possibilité de se développer.

La confiance en soi

Il est important de distinguer deux notions ici : la confiance en soi et l'estime de soi qui sont pourtant régulièrement confondues. La confiance en soi renvoie à la notion de capacité « que suis-je capable de mener ? », elle est intimement liée au sentiment de disposer des ressources pour affronter une épreuve. Elle emporte donc avec elle une dimension d'action. L'estime de soi représente davantage la perception que l'on a de soi en tant que personne, ce que l'on considère « valoir ». Elle est fortement influencée par l'environnement dans notre enfance, par les valeurs qui nous ont été inculquées. Lorsqu'on est perfectionniste, ce que sont 95 % des athlètes de haut niveau, on a tendance à confondre les deux. Dans ce cas, on peut penser que l'on est nul, que l'on ne vaut rien, alors que cette croyance ne constitue pas la réalité. On peut avoir manqué ses objectifs parce que notre préparation n'était pas suffisante, parce que l'on n'était pas en forme, ou même pour des éléments dont on n'avait pas forcément la maîtrise. Cela peut remettre en question ce que l'on fait ou ce que l'on est capable de faire, mais pas la personne que l'on est. À force de penser comme cela, on peut éroder autant l'estime de soi que la confiance en soi. Mais l'on peut très bien perdre la confiance en soi, donc dans ses capacités à mener quelque chose à bien, sans perdre son estime, c'est-à-dire la valeur que l'on se donne en tant que personne. Et inversement.

Nombre de personnes peuvent rapidement perdre confiance en elles quand la pression joue les invités. Cette dernière se transforme ainsi en stress et les doutes sur leurs capacités prennent la relève. Pour ne pas se faire ainsi piéger, travailler la conscientisation de ses forces et de ses qualités s'impose. En les identifiant, on oriente notre mental plus facilement sur ses points forts. Plutôt que de se faire littéralement aspirer par ce qu'on estime être ses points faibles, on peut alors trouver des solutions pour résoudre la situation problématique rencontrée. Pour reconstruire votre confiance en vous après un échec, je vous invite à analyser les raisons de cet échec. Il y aura probablement toujours des facteurs extérieurs, mais pas exclusivement. Tentez de décortiquer au mieux la situation qui s'est produite, vos responsabilités, vos erreurs, et pointez les forces qui étaient les vôtres que vous n'avez pas suffisamment activées. Si vous constatez des faiblesses, entraînez-vous pour qu'elles ne deviennent plus déterminantes à l'avenir.

Par exemple, au cours d'une partie, quand je commençais à perdre confiance, c'était mon service qui en était le plus impacté. Cette perte de confiance me conduisait à douter de mes capacités à servir, avec pour résultat un service qui peinait à faire son travail. Quelle était alors ma réaction après le match ? Je passais des heures à servir, à m'assurer que cette balle rentre dans le terrain. Je devais retrouver cette sensation de contrôle. Pour restaurer la confiance en vous qui vous permet de grandir, transformez vos écueils en ne leur laissant aucune chance. Plus vous investirez pour les dépasser, plus vous développerez un sentiment de maîtrise et moins vous vous poserez les questions qui instillent le doute sur vos capacités et qui entament votre confiance.

Si vous avez la chance d'œuvrer dans votre ou vos talent(s), votre confiance en vous sera indubitablement moins impactée par des périodes de mise sous pression car votre aptitude se veut plus stable naturellement. Si vous avez dû acquérir les compétences que vous devez démontrer, il vous faudra les entraîner bien davantage pour qu'elles deviennent plus automatiques et donc moins perméables au stress.

Sans se préparer, on se prépare à échouer

Dans ma carrière de tennis, 50 % se sont joués avant les matchs et 50 % pendant. La préparation constitue l'une des clés de ma réussite. Se préparer, c'est aussi penser de manière proactive aux éléments qui pourraient poser problème. Le hasard n'existe pas dans le sport de haut niveau. Plus je me prépare, moins je laisse de place aux coups du sort. Cela s'observe également pour toutes les activités que l'on considère comme importantes dans notre vie. La préparation permet d'augmenter nos chances d'atteindre nos objectifs et constitue un atout de taille pour sortir de sa zone de confort.

Lorsque j'ai proposé à Els Callens de concourir en double avec moi pour les Jeux olympiques de Sydney, je savais que nous formions un binôme complémentaire qui pourrait remporter une médaille. Si j'en étais convaincue, c'est parce que j'étais consciente d'un atout non négligeable. La plupart des équipes qui performaient alors sur les courts étaient composées de joueuses de nationalité différente et ne pouvaient donc prétendre à défendre un seul et même pays lors des Jeux. Hormis les sœurs Williams qui ont d'ailleurs été couronnées d'or, nous étions en mesure de jouer d'égal à égal contre les autres duos. Mais cela nécessitait bien sûr travail et préparation.

Nous avons rendu cet objectif visible en le verbalisant très clairement : revenir en Belgique avec une médaille. Pour répondre à cet objectif ambitieux, nous l'avons divisé en plusieurs objectifs intermédiaires qui ont jalonné toute notre préparation durant l'année précédant les Jeux. Il s'agissait d'abord de bien jouer ensemble lors de différents tournois, ce que nous avons pu démontrer assez rapidement. Ensuite, il nous fallait atteindre les critères de sélection. Grâce à nos bons résultats en double, nous avons rempli l'ensemble des conditions pour être qualifiées aux JO. Nous devions également travailler nos faiblesses et consolider nos forces pour augmenter nos chances de réussite.

Avant les Jeux, nous avons terminé sur une très belle note en atteignant les demi-finales à l'US Open. Entre ce tournoi majeur et Sydney, nous avons décidé de réaliser un team-building pendant trois jours, au cours duquel nous avons envisagé tous les scénarii possibles et les réponses à y donner. C'est un exercice extrêmement intéressant qu'on appelle souvent dans le jargon le « *What if ?* » (Et si ?). De manière proactive, nous réfléchissons à l'étendue des possibles et aux solutions que nous pourrions construire pour déjouer les difficultés. Par exemple, si nous jouons la balle de match, laquelle de nous deux est la plus stressée et que doit-elle entendre de la part de sa partenaire pour évacuer rapidement ce stress ? Autre scénario : nous sommes en train de perdre, sur quoi dois-je diriger mon attention ? Ce type d'exercice aide à trouver plus facilement une solution quand l'on est confronté au scénario en temps réel. Ces trois jours nous ont permis de mieux nous connaître mutuellement, de comprendre la manière dont notre partenaire vivait ses émotions, comment elle appréhendait les JO. Cet arrêt stratégique avait été planifié bien à l'avance et, de toute évidence, a contribué à notre performance. J'ai été amenée à jouer la balle de match. La pression sur mes épaules était à son paroxysme tandis qu'Els était complètement envahie par le stress. Mais je savais exactement les mots que je devais formuler pour la rassurer et lui donner confiance. Si nous n'avions pas prévu ces trois journées ensemble, nous aurions peut-être perdu cette balle de match, voire la rencontre.

Je peux aussi évoquer avec vous le match que je suis persuadée de gagner, en championnat national. C'est la dixième fois que je rencontre cette joueuse, je l'ai toujours battue avec une facilité déconcertante. Je ne me prépare pas suffisamment et j'envisage le match avec un certain aplomb. Pas de chance pour moi, aujourd'hui elle joue le match de sa vie et je perds la partie. Cet échec résulte de mon impréparation, je ne peux m'en prendre qu'à moi-même.

Si vous voulez gagner, vous devez créer les conditions de réussite et donc mettre tout en œuvre pour préparer votre terrain. En effet, « ***If you fail to plan, your plan will fail*** », citation attribuée à Benjamin Franklin qui pourrait être traduite par « sans se préparer, on se prépare à échouer ». Cette préparation contribuera à l'atteinte de vos objectifs. En outre, en relevant les missions que vous vous fixez grâce à une préparation minutieuse, votre confiance en vous sera décuplée et, par effet domino, décuplera vos potentialités. D'ailleurs, Arthur Ashe, ce grand joueur de tennis américain, ne cessait de répéter : « **Une clé importante du succès est la confiance en soi. Une clé importante de la confiance en soi est la préparation**. »

Le feedback, la nourriture des champions

Si l'on peut apprendre soi-même de ses expériences, le feedback constitue certainement l'une des clés pour avancer et progresser. Le regard et l'analyse de mon coach m'étaient absolument nécessaires pour augmenter mes capacités d'amélioration. Son analyse extérieure lui permettait de déceler des éléments que je ne pouvais identifier à la place qui était la mienne.

En traduisant littéralement le terme feedback, on obtient « la nourriture en retour ». C'est tout à fait ce qui se joue dans un feedback : se nourrir du retour sur une expérience. En sus de notre introspection, le feedback vient compléter notre propre analyse. Par le croisement des informations, nous améliorons notre connaissance de la situation et par voie de conséquence, nos capacités à rebondir.

Le feedback, c'est communiquer des données autant sur ce qui a bien été réalisé que sur ce qui a moins bien fonctionné, et cela dans une perspective constructive uniquement. En effet, il doit servir une intention positive et s'inscrire dans un cadre bienveillant. Un feedback doit permettre à la personne qui le reçoit d'évoluer et d'améliorer ce qui fait l'objet du retour. Le contexte émotionnel doit également être pris en compte. Si je viens de perdre un match qui a été particulièrement long et éprouvant sur le plan émotionnel, il y a fort à parier que je ne serai pas disposée à profiter pleinement du feedback directement à la sortie du terrain. Dans cette situation, il vaut mieux le postposer quelque peu pour permettre aux émotions de retomber, tout en le maintenant le jour même. De fait, la proximité temporelle entre l'action et le feedback permettra d'éviter de perdre de vue des éléments qui pourraient s'avérer fondamentaux pour la suite et constituer de belles opportunités d'amélioration. La personne qui communique le feedback doit donc rester attentive à l'état de la personne qui le reçoit, tout en restant assertive pour pouvoir le lui transmettre malgré une éventuelle déception.

En entreprise, une situation idéale serait d'intégrer le feedback dans la vie des équipes de manière régulière, comme j'ai pu l'expérimenter dans toute ma carrière tennistique. Imaginez que mon coach ait décidé de me communiquer son analyse de mes matchs tous les six mois : « Dominique, je te donne rendez-vous dans six mois pour te parler de tous tes matchs de la première partie de l'année. » Comment aurais-je pu m'améliorer dans ces conditions ? Plus la fréquence se veut faible, plus les détails se volatilisent. L'idéal, c'est de procéder à un feedback sur le moment, lorsque tous les éléments et détails sont encore frais dans l'esprit des différents protagonistes. Qu'il soit formel ou informel, le feedback constitue l'une des bases d'apprentissage. Le feedback plus régulier ou plus informel doit également se prévaloir d'une approche constructive. Il ne s'agit donc pas qu'il se transforme en critique permanente de la part de supérieurs. Je vous invite à cet égard à réfléchir à des pistes pour instaurer ces moments de feedback. Quand et comment pourriez-vous les matérialiser? Lors de réunions plus régulières ? À l'occasion d'un lunch hebdomadaire ? Via un système un peu plus ludique : au moyen par exemple de post-its qui pourraient régulièrement venir compléter une forme géométrique originale ? N'hésitez pas à vous pencher sur ces questions en équipe pour trouver des pistes facilement réalisables, qui vous conviennent et qui vous soient utiles. Les évaluations semestrielles devraient alors être consacrées à créer le bilan des six derniers mois sur base de la multitude de feedbacks, à pouvoir se situer quant aux pistes d'amélioration qui ont été définies à l'occasion de ces moments de retour.

Certains risquent de pointer que dans le cadre d'un travail d'indépendant par exemple, il est bien compliqué d'aller chercher du feedback. Personnellement, au terme d'une conférence ou de séances de coachings, je propose à mes clients de compléter des évaluations de mon programme et de ma prestation. Au-delà de ces moments d'évaluation, si vous êtes à l'écoute d' opportunités, vous réaliserez qu'il existe bien d'autres possibilités de recevoir du feedback. Il y a peu de temps, alors que je donnais un webinaire en compagnie d'autres personnes, une professionnelle en communication qui accompagnait l'une des intervenantes a proposé de me prodiguer des conseils par rapport à la présentation PowerPoint que j'avais utilisée. J'aurais très bien pu considérer son intervention inopportune. Au contraire, j'ai bondi sur cette occasion et j'ai accueilli avec beaucoup d'intérêt son retour sur ma prestation.

Saisir les opportunités au bond

En 1998, je suis dans le top 20 mondial. J'ai très bien commencé la saison en gagnant le tournoi d'Auckland. Mes résultats affichent une constance rassurante, je me retrouve en finale de gros tournois à plusieurs reprises. De la 18e place en début d'année, je monte à la 12e place grâce à ces différents succès. Je n'avais jamais visé le top 10, mais m'en rapprochant sérieusement, je réalise que je peux tout à fait convoiter ce classement. J'entame le tournoi de Wimbledon et je joue au quatrième tour contre Nathalie Tauziat, une joueuse française. Si je gagne ce match, je suis propulsée dans le top 10. Malheureusement, elle se défend mieux que moi ce jour-là. Cette défaite n'est pas des plus agréables à digérer vu l'enjeu. Avoir touché du bout des doigts ce top 10 pour le voir s'envoler ensuite. Il me reste néanmoins une petite chance. Si Nathalie ne joue pas la finale, j'intègre le sommet. Ironie du sort, elle gagne sa demi-finale, et moi je ne bouge pas dans le classement. Les semaines passent, je joue à l'US Open et puis je m'en vais à Tokyo pour un tournoi en salle. J'y tombe malade, si bien que je me désinscris du tournoi de la semaine suivante : le fameux tournoi Porsche à Filderstadt, à côté de Stuttgart.

Je rentre du Japon un jeudi et le lendemain soir je reçois un appel téléphonique du directeur du tournoi Porsche, qui me réinvite à participer. En effet, deux joueuses du top 20 ne participent pas, en l'occurrence Monica Seles qui ne souhaite plus jouer en Allemagne depuis l'agression au couteau dont elle a été victime dans ce pays par un fan de Steffi Graf, et moi-même. Or ces deux absences peuvent ternir l'image de marque de ce tournoi. Pour me convaincre de rejoindre la compétition le lendemain, il me propose de rouler toute la semaine en Porsche avec le modèle de mon choix. Il attend ma réponse immédiatement vu les délais : le tournoi commence le jour suivant. Je finis par accepter, en me raisonnant : même si je ne joue pas mon meilleur tennis, je bénéficierai de cadeaux plutôt agréables dans un tournoi des mieux organisés. Me voici donc au volant de ma voiture le lendemain, sillonnant les routes de Belgique et d'Allemagne.

Plus les jours passent, mieux je me sens. Je remporte mon premier match contre une Italienne. Au deuxième tour, je rencontre Venus Williams que je bats également en deux sets : 6-2, 6-1. Malgré la guerre psychologique qu'elle essaie d'installer dès l'échauffement, elle échoue cette fois-ci. Au terme de ma victoire, elle me broie littéralement la main pour me saluer, en plus de me mitrailler du regard. Elle se montrera toutefois un peu plus chaleureuse dans les vestiaires. Ces deux matchs me permettent de me confronter en quart de finale à Martina Hingis, alors classée n°1 mondiale. Pour maintenir son classement, elle est obligée de remporter la partie. Sinon, c'est Lindsay Davenport qui la remplace sur la plus haute marche du podium. Quant à moi, une victoire m'assure l'entrée dans ce fameux top 10. Alors que je me rends chez la kiné pour m'échauffer les muscles, Martina Hingis réclame une bande à sa cheville. J'en déduis qu'elle ne dispose pas de tous ses atouts pour m'affronter, et que l'issue pourrait se révéler en ma faveur. J'avoue l'avoir fait beaucoup courir en envoyant la balle partout sur le terrain. Gonflée par ma victoire contre Venus Williams, je finis sur un jeu, set et match et j'obtiens la place de n°9 mondiale. Le lendemain, je suis épuisée par les combats que j'ai eu à livrer les jours précédents, je perds la demi-finale. Séduit par mon parcours au sein du tournoi et reconnaissant de ma participation, le directeur du tournoi me réserve une surprise de taille. Il décide de m'offrir un magnifique cadeau : une Porsche de la couleur de mon choix.

Je n'avais absolument pas prédit une telle issue, mais mon attitude a été déterminante lors de cet appel téléphonique. Malgré les conditions que je ne trouvais pas optimales, j'ai pris le parti d'accepter l'invitation, de ne pas laisser filer cette opportunité. Pourtant, j'aurais pu décliner l'invitation pour plusieurs raisons tout à fait légitimes : j'étais encore un peu faible, je me trouvais en plein décalage horaire avec le Japon et j'étais contrainte de prendre une longue route seule le lendemain matin. En répondant positivement, j'ai gagné sur tous les tableaux : je me suis hissée à la neuvième place mondiale, j'ai battu Venus Williams et Martina Hingis et qui plus est, je suis rentrée au volant d'une voiture de sport très agréable.

Les opportunités sont comme les levers de soleil. Si vous attendez trop longtemps, vous les manquez, écrivait William Arthur Ward. En effet, si on ne se montre pas suffisamment rapide, on prend le risque que ces occasions disparaissent aussi vite. Tout au long de ma carrière, j'ai essayé de saisir chacune des opportunités qui croisaient ma route, pour peu bien sûr qu'elles le méritaient, qu'elles faisaient sens dans mon parcours. Parce que, comme l'a souligné Benjamin Disreali, **le secret du succès est d'être prêt quand l'opportunité se présente**.

Parfois, on ne se sent pas suffisamment outillé ou armé pour saisir l'opportunité. On craint de ne pas se trouver à la hauteur, et finalement on n'ose pas. Il est une certitude ancrée en moi qui a constitué l'un des fils rouges dans ma vie : on peut effectuer le nécessaire pour acquérir les compétences ou connaissances qui nous manquent. L'opportunité peut ainsi devenir une excellente voie pour se « forcer » à apprendre. Saisir une opportunité peut s'accompagner de peur(s), peut nécessiter du courage. Mais c'est précisément de cela qu'il s'agit quand on sort de sa zone de confort. Néanmoins, restez bienveillant avec vous-même si vous avez laissé filer une opportunité. Bien qu'une opportunité se présente rarement deux fois, d'autres viendront également frapper à votre porte. L'essentiel reste d'apprendre de vos erreurs, ce qui vous permettra d'être davantage prêt à accueillir l'opportunité suivante.

Comme je vous le confiais en début de chapitre, c'est en faisant l'expérience que l'on apprend et c'est en apprenant que l'on évolue. Le processus de sortir de sa zone de confort, qui offre ce terrain d'apprentissages, nécessite néanmoins le respect de certaines conditions. Outre accepter d'avoir peur de prendre un chemin relativement inconfortable au départ, il est absolument essentiel de se donner le temps et les moyens de récupérer de ce processus qui aura nécessité de l'énergie. C'est alors que vous pourrez retirer des enseignements utiles et précieux pour votre développement, sans toutefois vous épuiser. Par ailleurs, pour vous aider à gérer ces sorties, je vous invite à miser sur la préparation. Mieux vous vous préparerez, plus vous anticiperez les difficultés, et plus vous augmenterez votre confiance en vous. Mais aussi et surtout acceptez que l'échec fasse également partie du jeu. Pour autant qu'il soit utilisé afin de mieux comprendre votre fonctionnement et identifier ce qu'il vous convient de mettre en place à l'avenir, vous n'aurez rien perdu. Au contraire, vous aurez gagné en connaissances sur vous et sur le monde. Enfin, soyez à l'écoute de toutes les opportunités qui se fraient un chemin jusqu'à vous. Elles pourraient vous réserver de belles surprises : vous inviter à une nouvelle sortie de votre zone de confort, et vous offrir ainsi une nouvelle aire de jeu d'apprentissages et donc d'évolution.

...sur mes techniques de concentration

Je ne lâche pas la balle du regard. Je ne cligne pas des yeux, mes paupières sont trop encombrantes. Si je ferme les yeux ne fut-ce qu'une fraction de seconde, je prends le risque que la sphère jaune m'échappe. Durant des années, j'ai appris à me focaliser sur un but durant les matchs : cette balle à renvoyer et à placer pour gagner des points. Aujourd'hui, quand je donne une interview télévisée par exemple, mon mode « focus » est activé. Je ne compte plus les personnes qui s'étonnent de voir mon regard presque immobile : mes yeux sont rivés sur la caméra comme ils l'étaient autrefois sur la balle. Sans cette capacité à faire montre d'une concentration très intense durant les matchs, je n'aurais pas pu évoluer sur les circuits professionnels.

Notre cerveau reçoit des milliers de stimuli par seconde. Heureusement, nous ne les traitons pas tous consciemment. Par exemple, vous n'êtes pas conscient de la montre ou des chaussettes que vous portez à chaque seconde. De la même manière, vous n'êtes pas constamment occupé par ce qui se passe autour de vous. Heureusement car avec autant de stimuli, vous seriez complètement épuisé après quelques minutes. Se concentrer sur une tâche spécifique peut être comparé à l'action d'une torche qui éclaire certaines choses dans l'obscurité. Tout ce qui se trouve en dehors du faisceau lumineux n'est pas traité consciemment.

Que ce soit dans le milieu du sport de haut niveau ou ailleurs, en augmentant nos capacités de concentration sur une tâche bien spécifique, nous augmentons nos chances d'atteindre nos objectifs de développement, sans gaspiller notre énergie. En effet, si j'ai décidé d'aborder le sujet de la concentration dans ce livre, c'est parce qu'il me semble tout à fait indispensable de prendre conscience du lien très fort qui existe entre concentration et énergie. En nous concentrant plus facilement sur une tâche qui requiert un certain degré d'exigence, nous réduisons la consommation d'énergie, mais également les déperditions d'énergie. De fait, toute déconcentration nécessite une certaine dépense d'énergie pour retourner à la tâche qui nous occupe. Plus ces déconcentrations seront fortes et/ou régulières, plus nous devrons déployer d'énergie pour continuer à exécuter l'activité. Mais pour pouvoir bien se concentrer au moment souhaité, il faut pouvoir aussi bien se déconnecter pour récupérer de l'énergie. Dans les pages suivantes, je tente ainsi de vous transmettre différentes techniques pour faciliter votre concentration et réduire les distractions dès lors que la situation l'exige. Je vous propose de commencer par vous présenter un modèle que je trouve particulièrement pertinent pour vous aider à mieux lutter contre vos principaux distracteurs.

Les cercles d'attention, un modèle pour mieux comprendre sa (dé)concentration

En matière de gestion de la concentration, j'aime utiliser le modèle des cercles d'attention, conceptualisé par un professeur allemand en psychologie sportive, Hans Eberspächer. Si ce modèle a été initialement développé pour aider les athlètes de haut niveau à mieux identifier ce qui est de nature à les distraire et à lutter contre toute forme de distraction, il trouve aussi son application pour tout autre domaine qui impliquerait la réalisation de tâches relevant d'un certain degré d'exigence.

Ce modèle représente les événements ou les éléments distracteurs sous forme de cercles. Plus la distance entre la tâche et le distracteur est élevée, plus faudra-t-il aller puiser de l'énergie dans notre réservoir et consommer du temps pour se recentrer. Il est utile de préciser qu'un adulte peut maintenir un état de concentration optimale jusqu'à 45 minutes sans interruption. Ensuite, l'attention se tournera inévitablement vers les distracteurs et vous vous retrouverez dans l'un des autres cercles. Ce n'est pas un problème, pour autant que l'on puisse se reconcentrer sur sa tâche.

Ce modèle est intéressant parce qu'il permet de visualiser très facilement ce qui compromet notre concentration. En identifiant ces distracteurs, on peut ainsi tenter de développer des stratégies pour les contourner.

1	Moi et ma tâche : je suis pleinement concentré sur ce que je fais
2	Distractions directes (e-mails, téléphone, bruit, petites pensées furtives,...)
3	Réalisation d'une différence entre l'avancée de la tâche et ce qui aurait dû être fait selon mes attentes, à l'origine de sentiments désagréables
4	Questionnement sur mes capacités à mener la tâche et les conséquences d'un échec
5	Questionnement sur le sens de ce que je suis en train de faire

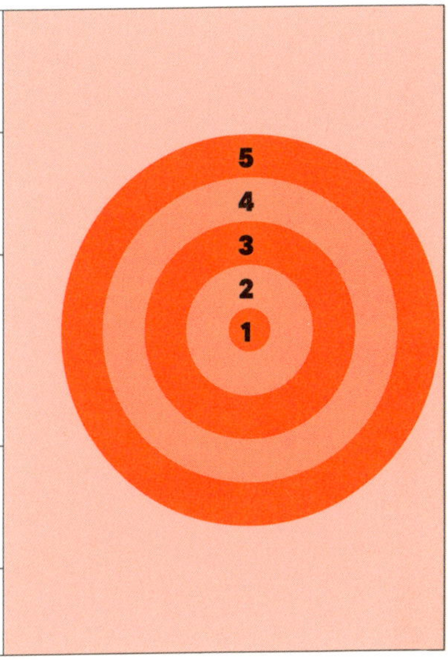

Lorsque vous vous situez dans le premier cercle, vous êtes pleinement concentré et focalisé sur votre tâche. Vous pouvez ensuite être quelque peu distrait par des éléments extérieurs comme des bruits, des notifications ou par des pensées telles que « que vais-je manger ce soir? ». Vous vous trouvez ainsi dans le second cercle : cela vous demande une certaine énergie pour retourner à votre état de concentration, mais l'exercice se fait plus rapidement que pour ceux des cercles suivants. Au sein du troisième cercle, vous sortez de votre concentration en vous questionnant sur l'avancée de votre travail, ce qui peut faire émerger des sentiments désagréables de frustration ou d'irritation si vous n'avez pas accompli le travail que vous vous étiez fixé. À ce stade, il devient plus difficile de vous concentrer à nouveau sur votre tâche sans perdre du temps et de l'énergie. Les deux prochains stades sont ceux qui nécessiteront le plus de travail pour récupérer votre concentration initiale. Ce sont ceux où vous vous interrogez sur les conséquences de votre travail avec des questions type « que se passera-t-il si j'échoue dans mon travail ? » et où vous remettez complètement en question le sens du travail que vous êtes en train de mener.

On peut avoir le sentiment d'être concentré alors que notre attention n'est pas dirigée vers la tâche à réaliser, mais vers d'autres éléments qui ne nous permettent pas d'avancer. Durant une partie de tennis, je devais absolument me concentrer sur la balle. Or une pensée qui m'amène par exemple à m'interroger sur les suites si je gagne le match me fait déjà sortir de la concentration qui m'est absolument nécessaire pour bien jouer et gagner. Dans ce cas, même si cette pensée s'avère furtive, elle se veut déjà dérangeante car elle me détourne de mon objectif : cette balle à renvoyer. L'intérêt de ce modèle réside certainement dans sa capacité à nous renseigner sur les éléments distracteurs qui se manifestent le plus chez nous.

Je vous propose aussi de réfléchir à tous les éléments parasites de votre environnement qui importunent votre concentration. En les identifiant, vous pouvez mettre en place des petites stratégies afin de les court-circuiter. Pour vous inspirer, je vous présente ici quelques exemples de moyens pour lutter contre certains distracteurs. De votre côté, prenez un moment pour essayer de concevoir proactivement des stratégies en pensant aux scénarii qui se produisent le plus souvent dans votre vie.

Si vos pensées vagabondent régulièrement lorsque vous devez vous concentrer, je vous invite dans un premier temps à essayer d'identifier le plus souvent possible ces moments d'« égarements ». Notre esprit erre une grande majorité du temps, c'est tout à fait humain. Mais cela peut devenir handicapant si on ne parvient jamais à étancher la soif de voyage de notre cerveau. Si vous vous exercez très souvent à pointer les vagabondages de votre pensée dans votre quotidien, vous serez davantage à même d'en prendre conscience au moment où vous devez faire preuve d'une concentration élevée. Et cette prise de conscience pourra mettre fin plus rapidement à ces pensées qui vous privent de votre concentration sur la tâche attendue.

Concrètement, je vous propose de pratiquer un exercice lorsque vous vous brossez les dents par exemple. Dès que vous remarquez que vos pensées divaguent, ramenez votre attention sur votre brosse à dents, sur votre main qui exécute la tâche, sur le dentifrice que vous frictionnez contre votre dentition. Vous pouvez décliner l'exercice à l'infini avec la multitude de tâches simples que vous réalisez chaque jour : lorsque vous prenez une douche, lorsque vous faites la vaisselle, lorsque vous vous coiffez, etc. Cet entraînement vous aidera à réduire le temps d'irruption de ces pensées dans vos périodes de concentration élevée. De fait, vous allez stimuler ce mécanisme qui deviendra plus naturel dans vos tâches plus complexes. Et lorsque vous constatez que malgré vos efforts, vous ne parvenez pas à recentrer votre attention sur la tâche, faites une pause et déconnectez-vous pour mieux redémarrer. Je vous en parle en détail dans la section suivante.

Imaginons que vous soyez particulièrement sensible à n'importe quel bruit et que vous deviez étudier pour un examen. Anticipez la situation et achetez-vous des bouchons d'oreille, voire même des casques anti-bruit de chantier.

Si ce sont les notifications de votre téléphone qui vous déconcentrent, pensez à opter pour le mode silencieux de ces messages et à tourner la face de votre téléphone vers votre bureau pour éviter de vous faire happer par la lumière de la notification, voire à dissimuler cet outil technologique dans un tiroir de votre bureau. Les pop-up des e-mails peuvent également troubler votre concentration. Imaginez la petite fenêtre d'un mail de l'un de vos collègues indiquant « Lunch ? ». Vous commencez à vous projeter dans le lieu de votre lunch, dans la compagnie de votre repas, dans ce qui va composer votre assiette. Une petite notification vous embarque déjà bien trop loin de votre tâche. Et pourtant, vous avez le sentiment que toutes ces « petites » notifications vous font du bien. Et c'est tout à fait normal.

Déconnectons-nous !

Oui, c'est normal car chaque notification produit un shot de dopamine, cette hormone du bonheur tant convoitée. Les notifications envoient à notre cerveau le signal que nous sommes connectés à quelqu'un d'autre ou que nous appartenons à un groupe. On évoque d'ailleurs le syndrome FOMO pour *fear of missing out*, cette peur de manquer quelque chose et qui entraîne ce besoin d'être connecté en permanence.

Mais il s'agit bien d'un shot de dopamine, et donc son effet se veut aussi fort que fugace. Dans ces conditions, l'addiction à ces notifications nous guette tous. Et comme toute addiction, elle génère des problèmes. Sur le plan de la concentration, ces notifications et la multitude d'informations qu'elles charrient entament fortement notre réserve d'énergie. Cette consultation incessante de messages et cette boulimie associée des réseaux sociaux fatiguent bien plus qu'elle ne nous le laisse à penser. Elle attaque autant notre concentration sur le moment qu'elle érode progressivement nos capacités futures à nous concentrer.

Dans le monde du tennis, on constate que la nouvelle génération masculine éprouve beaucoup plus de difficultés à rester concentrée durant cinq sets et donc à les jouer. On impute les raisons de ces observations en grande partie à ce monde de l'ultra-connectivité. À force notamment d'user et d'abuser de ces appareils électroniques et de toutes les opportunités de déconcentration qu'ils offrent, les jeunes joueurs ont perdu cette capacité de concentration, à telle enseigne que le format de la Next Gen ATP Finals, compétition qui se déroule avant les masters et fait s'affronter les meilleurs espoirs de moins de 22 ans, a été modifié : les sets se jouent à présent en quatre jeux gagnants avec deux jeux d'écart et Tie break à 3-3.

Aujourd'hui, j'observe que les pauses sont souvent consacrées à naviguer sur les réseaux sociaux. Après une journée d'étude intensive ou de travail chargée, les étudiants ou professionnels vont penser se détendre en se connectant sur les réseaux alors que ceux-ci peuvent rarement regénérer l'énergie. En lieu et place, le cerveau est mis une nouvelle fois à contribution : on lui impose une concentration virtuelle et on le sature totalement en informations. En d'autres termes, on finit par l'épuiser. Il me semble urgent aujourd'hui d'apprendre à se déconnecter de tous ces appareils électroniques, ordinateurs, tablettes, smartphones, qui nous piègent cognitivement. Bien que ce message, éminemment important pour notre bien-être à tous, fasse l'objet d'un large consensus scientifique et soit aujourd'hui massivement diffusé, il peine pourtant à être appliqué par la plupart d'entre nous. En outre, force est de constater qu'on n'a jamais été autant « connectés » que déconnectés des uns et des autres. N'est-il pas fréquent que lors d'une soirée, nombre d'hôtes passent une partie de leur temps figés sur leur téléphone plutôt qu'à échanger entre eux ?

Personnellement, je réserve des plages quotidiennement pour consulter mes différents réseaux sociaux. Le matin, je commence la journée de travail avec un café que j'accompagne de 15 minutes de consommation de réseaux. Je réitère le moment début d'après-midi et en fin de journée. En dehors de ces créneaux, je garde ces plateformes éloignées. En procédant ainsi, je gère mon utilisation de manière raisonnable en luttant contre une potentielle addiction. Enfin, comme je l'ai déjà évoqué dans le premier chapitre de ce livre, la lumière bleue qui émane des écrans d'ordinateur, tablette et smartphone ne permet pas la production de la mélatonine nécessaire à notre endormissement. Une heure à deux heures avant d'aller dormir, mieux vaut donc se couper de ces tueurs du sommeil.

Apprendre à déconnecter requiert certainement une discipline. Au lieu d'utiliser votre téléphone lors d'une pause, pensez plutôt à utiliser vos jambes pour aller consommer un café ou un verre d'eau. Regardez, à travers la fenêtre, l'horizon pour reposer vos yeux qui ont été absorbés par l'écran de votre ordinateur. Sortez prendre un bon bol d'air. Cuisinez, faites du yoga, travaillez dans votre jardin. Ou plus passivement, écoutez de la musique, lisez un livre ou un magazine, profitez d'un massage. Les déconnexions actives, qui impliquent la mise en mouvement du corps, permettent de récupérer de l'énergie physique, mentale et émotionnelle. Les déconnexions passives vont, quant à elles, vous aider surtout à retrouver de l'énergie mentale et émotionnelle. C'est en vous écoutant que vous saurez au mieux ce que votre esprit et votre corps réclament. Si vous bouillonnez en fin de journée, sans doute est-il plus recommandé d'utiliser les ressorts physiques en allant vous promener ou en exerçant une activité physique que vous appréciez.

Dans le contexte de crise sanitaire, les déconnexions ont été mises à rude épreuve. En effet, les habitudes de travail ont été grandement modifiées. La majorité des personnes ayant un travail de bureau ont été contraintes à travailler depuis leur maison et dans un second temps, à alterner travail à distance et travail en présentiel, ce qu'on nomme plus communément le travail hybride. Mais ce télétravail implique une connexion quasi permanente avec votre ordinateur, qui se transforme en lieu de toutes vos réunions (via les plateformes de visioconférence). Par ailleurs, le travail à distance est de nature à instaurer une condition de l'ultra-disponibilité et nombre de travailleurs se retrouvent à enchaîner réunion sur réunion à travers leur écran d'ordinateur. La position assise devient ainsi presque exclusive, la mobilisation de votre corps se réduit significativement.

Dès lors que l'on ne travaille plus au sein d'une structure extérieure, on perd nombre d'opportunités de déconnecter et de bouger, et par conséquent de recharger ses batteries. En effet, vous ne devez plus vous déplacer jusqu'à votre lieu de travail. Or, que ce soit à pied, à vélo, à moto, en bus, en train ou en voiture, vous avez l'occasion, lors de votre trajet, de faire vagabonder vos jambes et/ou votre esprit. Quand vous arrivez à votre destination, vous prenez souvent un café ou un thé et engagez les premières discussions avec vos collègues, avant de vous plonger pleinement dans les tâches qui vous attendent. Ensuite, vous vous accordez certainement une petite pause et vous vous offrez à nouveau un espace de déconnexion avec les tâches qui vous incombent. À midi, vous pouvez aussi vous offrir une pause agréable avec des collègues ou amis, ce qui contribue également à aérer votre cerveau. L'après-midi, vous disposez également des occasions ici et là de décompresser au cours de moments plus conviviaux.

Avec le télétravail, tous ces petits espaces de déconnexion qui se présentaient naturellement et qui faisaient lever vos yeux de vos ordinateurs et de vos tâches, qui mettaient votre corps en mouvement ont disparu. Pour ceux qui sont toujours confrontés au télétravail, je vous invite à intégrer dans votre agenda des plages que vous réservez à des moments de récupération, pour bouger et vous déconnecter de votre ordinateur et d'autres écrans. Vous vous autoriserez ainsi à récupérer de l'énergie, à oxygéner votre cerveau tout en luttant contre la sédentarité, responsable de nombreux maux.

Enfin, il me semble utile ici de relever que le multitâche ne constitue rien d'autre qu'une vaine ambition. Je n'évoque pas ici le fait de passer d'une tâche à l'autre, mais bien de réaliser deux tâches simultanément, tel que lire un message sur son téléphone pendant que vous êtes en train de discuter avec un collègue ou un ami. Dans ce cas, je vous invite à vous poser cette question : quand vous êtes en situation de multitâche, vers où est dirigée votre attention ? Vers votre interlocuteur ou vers le message du téléphone ? La réponse est la suivante : ni vers l'un ni vers l'autre. Elle ne va nulle part, ou plus clairement, elle s'évapore. Vous avez envie de faire taire votre interlocuteur car vous ne parvenez pas à saisir votre message, et en même temps que vous tentez de le déchiffrer, vous ne parvenez pas à capter les mots énoncés par la personne avec qui vous vous entretenez. Hélas, notre cerveau ne possède pas la capacité de réaliser deux tâches en même temps. Le multitâche fait perdre 40 % de productivité car il vous empêche de vous concentrer. Autant dire qu'il est préférable de l'éviter.

Petits rituels et autres habitudes au service de la concentration

Après avoir discuté de ces fameux perturbateurs de concentration, je vous propose de nous pencher à présent sur des éléments qui vont inversement favoriser la concentration. Il s'agit des rituels de concentration, ces habitudes qui permettent de nous conditionner pour mieux nous concentrer.

Dans le sport, les rituels de *focus* sont monnaie courante : ils permettent de prendre conscience de la nécessité de passer à l'état de concentration extrême pour pouvoir performer. Ils constituent des formes de déclencheurs de concentration. Rafael Nadal est l'un des sportifs qui donne le plus à voir ce type de rituels : il place par exemple ses bouteilles dans un ordre spécifique en entrant sur le court et aux changements de côté. En conférence de presse, il a livré les ressorts de cette habitude : elle lui permet de conditionner son cerveau à entrer en compétition. Si certains en ont déduit à tort qu'ils sont symptomatiques de TOC (troubles obsessionnels compulsifs), ces rituels remplissent bel et bien une fonction cruciale pour ce très grand athlète : créer les conditions nécessaires à sa concentration, elle-même indispensable pour lui permettre de proposer son meilleur tennis. Ces rituels s'expriment uniquement en compétition, jamais lors des entraînements.

Ces rituels en matière de sport peuvent être traduits dans n'importe quel domaine. Pourtant, peu de personnes réalisent qu'adapter systématiquement son environnement de la même manière s'avère particulièrement efficace pour aider à se constituer une bulle de concentration, imperméable aux perturbateurs externes et internes. Chacun peut trouver et développer ses propres rituels. L'une de mes collègues écoute par exemple du Leonard Cohen dès qu'elle doit s'engager dans une tâche exigeant une concentration élevée. Lorsque je dois me concentrer pleinement, je range systématiquement mon bureau pour le rendre vierge de tout élément superflu, je place un verre et une bouteille d'eau à côté de mon ordinateur, je tourne l'écran de mon téléphone vers le bureau et je ferme la porte, habituellement laissée entrouverte.

Pour vous aider à gérer vos efforts de concentration, je vous propose également de relever les moments où vous bénéficiez le plus d'énergie. Idéalement, vous planifierez les tâches les plus complexes durant les créneaux identifiés. En dehors de ces moments, vous pouvez programmer des tâches qui sont moins exigeantes sur le plan énergétique et de la concentration. Si c'est à 10 heures du matin que vous vous sentez au meilleur de votre forme, vous pourrez par exemple effectuer des tâches plus faciles avant cette heure. Si par contre, c'est à 9 heures que vous considérez être le plus vif, évitez peut-être de débuter votre journée en vous consacrant à des tâches plus simples telles que le traitement d'e-mails par exemple. Sinon une heure et demie plus tard, vous risquez bien de constater que vous ne disposez plus de l'énergie nécessaire pour accomplir une tâche requérant toute votre attention. De même, sachant qu'en réunion on utilise en moyenne 40 % de ses facultés intellectuelles, il peut s'avérer intéressant de tenter de placer ces moments de rencontre à des périodes où votre énergie se montre plus timide. En prenant conscience de ces modulations énergétiques, vous pourrez mettre en place progressivement une structure qui soit plus compatible avec votre propre fonctionnement. Une bonne connaissance de votre niveau énergétique en fonction des périodes vous permettra d'organiser vos journées de manière à mieux respecter vos propres rythmes. Et tout cela en vous apaisant mentalement et en vous apportant un meilleur équilibre global.

Quelques confidences après match

Je décide de mettre fin à ma carrière en novembre 2000 alors que je déploie certainement mon plus beau tennis. C'est aussi l'année où j'offre à la Belgique, avec ma partenaire de jeu Els Callens, une magnifique médaille de bronze. Mais c'est l'année également où je perds ma plus grande supportrice, celle qui a compris dès mon plus jeune âge ce besoin que j'avais d'évoluer dans ce sport, celle qui n'a cessé de me soutenir, de m'encourager et de m'aider à développer ce mental de combattante. Celle qui m'a aidée à explorer chacune des déceptions et des défaites comme une expérience de vie mettant à profit mes capacités de résilience. Celle qui a voulu à ce point le meilleur pour moi que durant près de deux années, elle s'est refusée à me révéler les maux qui la rongeaient par crainte que je mette prématurément un terme à ma carrière. C'est l'année où, après avoir lutté courageusement contre un cancer, ma mère a fermé les yeux au printemps, définitivement.

C'est aussi l'année où je tombe enceinte. Je participe aux Jeux olympiques, en ignorant que je vais bientôt endosser le plus beau et le plus grand rôle de ma vie. Dans la même année, je dois donc faire mes adieux à la première femme de ma vie et me préparer à accueillir ma future fille, tout en livrant des performances en tennis encore jamais égalées jusqu'alors par une joueuse belge. Il s'agit d'une année émotionnellement forte et épuisante, riche et éprouvante. J'ai vécu le pire de mes 27 années d'existence et donné le meilleur de moi-même.

Je commence à réaliser que les courts sur lesquels j'ai éprouvé tant de plaisir et vécu tant de bonheur m'invitent à prendre congé d'eux. Je ressens le besoin de changer de cap, le tennis a constitué une part essentielle dans ma vie, mais je souhaite explorer d'autres voies. Je ne trouve plus suffisamment de sens à concourir sur les plus beaux terrains de tennis. La notion de plaisir a disparu. Voyager plus de 40 semaines par an, me retrouver éloignée constamment de ma famille, devient de plus en plus pesant. J'ai non seulement réalisé mon rêve, mais je l'ai même dépassé, en rejoignant le top 10 mondial. Comme je l'ai partagé dans ce livre, il est indispensable de rester animé et motivé par ce que l'on fait, sous peine de voir son énergie globale décliner. Il était temps pour moi de passer à autre chose, de retrouver du plaisir dans d'autres métiers et d'autres challenges. Non sans tristesse, mais avec beaucoup de reconnaissance envers mes proches et un sens du travail accompli, j'ai quitté le monde de la compétition à l'automne 2000.

Si ma fille Ines, que je chéris tous les jours et avec qui j'ai développé une formidable complicité, va occuper une place importante dans mon quotidien après ma retraite tennistique, je tiens à m'investir dans une nouvelle activité professionnelle qui me motive autant que ma précédente. La tâche ne s'annonce pas évidente après avoir passé une partie de ma vie à exercer une grande passion, et sans bénéficier d'un accompagnement professionnel pour m'aider à me réorienter. Et d'ailleurs les mois s'écoulent et je sombre progressivement dans une forme de dépression. Les événements qui ont jalonné la fin de ma carrière tennistique ont été d'une intensité émotionnelle trop forte. Le test de Holmes et Rahe qui évalue le niveau de stress des événements et que j'ai abordé dans le premier chapitre relatif à l'énergie (vous trouvez le test au dernier chapitre), l'aurait largement prédit : je coche tous les événements les plus générateurs de stress. Cumuler le décès de ma maman, une grossesse, un succès aux Jeux olympiques, une retraite sportive, un déménagement en moins de 12 mois devait conduire presque inévitablement à des soucis de santé. En outre, je donne naissance à ma fille un peu plus d'une année après la disparition de ma maman.

Ce qui constituait et occupait l'essentiel de ma vie, le tennis, disparaît du jour au lendemain. Je me retrouve très isolée. Je sais à quel point le soutien de ma maman dans cette transition m'aurait été particulièrement précieux. En très peu de temps, je perds donc l'ensemble de mes repères, familiaux et professionnels, les fondations se fissurent.

En 2003, je divorce. La période 2000-2003 se veut donc particulièrement rude. Mais 2003 marque le début de ma renaissance grâce à une magnifique rencontre. Par l'intermédiaire d'un ami commun, je fais la connaissance d'Erik, qui deviendra mon mari en 2006 et avec qui je forme la plus belle équipe depuis près de 20 ans maintenant. Il devient mon mentor, mon binôme, mon amoureux. Il me nourrit d'ondes exclusivement positives, qui me permettent de sortir de cette période si difficile à tous égards, qui écourtent ma période dépressive. Il devient un soutien indéfectible, la personne sur qui je peux compter inconditionnellement. Il me (re)donne confiance en moi. Nous partageons les mêmes valeurs, nous sommes très complémentaires et notre relation continue d'évoluer. Je mesure la chance que j'ai de partager ma vie avec une personne aussi exceptionnelle. Il m'aide aussi dans mon rôle de maman et accueille ma fille avec beaucoup d'amour et de bienveillance. Je deviens aussi la belle-maman de ses deux enfants, Nathalie et Christophe, avec qui je développe une très belle relation. Qui deviendront parents à leur tour, agrandissant notre famille.

Cette nouvelle famille recomposée participe à mon équilibre et me rend très heureuse. J'ai aussi la chance d'avoir une grande sœur, Anne-Françoise, sur qui je peux compter en toute circonstance et qui prend très à cœur son rôle de marraine d'Ines. Il est une certitude, je ne pouvais pas être mieux entourée. Cet entourage si bienveillant m'aide ainsi à me reconstruire professionnellement.

En effet, sur le plan professionnel, je m'essaie à plusieurs métiers, notamment coach de tennis et commentatrice. Or si j'ai été une championne de tennis, de toute évidence je n'ai pas hérité d'un talent de pédagogue pour enseigner ce sport. Cela me demande énormément d'énergie. Par contre, je constate que je suis beaucoup plus douée pour analyser un match, je comprends très rapidement la tactique des joueurs que j'observe, je peux facilement décrypter les erreurs. Et surtout, ça n'épuise pas mon énergie, au contraire cela m'en procure. Mais je ne peux imaginer passer le reste de ma carrière à commenter exclusivement le jeu d'autres professionnels. Il me faut bien davantage de variété.

Je ne souhaite pas non plus faire une croix sur qui j'ai été pendant les presque 30 premières années de ma vie. Je tiens à utiliser ce bagage d'athlète dans ma nouvelle vie professionnelle. Comment traduire cette connaissance accumulée durant ma carrière tennistique dans un contexte différent, telle est l'une des questions à laquelle je m'efforce de répondre en explorant diverses pistes. Aussi, il m'apparaît vital de me tourner davantage vers les autres. Durant des années, j'ai été le centre de mon monde. Le tennis est un sport égoïste, qui m'a obligée à le devenir pour progresser, alors que je ne me suis jamais considérée comme une personne égocentrique. Au contraire, j'ai davantage hérité d'un ADN qui « se met au service de ». Ma mère mettait ses talents au service d'une communauté scolaire, mon père offrait ses qualités de médecin au service ou au chevet de ses patients.

Ce besoin de trouver une voie orientée vers les autres se fait ressentir avec toujours plus d'acuité. Jusqu'au jour où une opportunité se présente à moi. Celle qui m'apporte le sens que je souhaite donner à la suite de ma carrière, celle qui va me permettre d'offrir de l'aide à ma façon : le coaching. Je suis rentrée dans ce milieu au début de l'année 2004 grâce à Alain Goudsmet, fondateur d'une structure de coaching en entreprise qui s'appuie notamment sur l'enseignement des performances sportives. Je suis immédiatement séduite par ce qu'il a à me proposer, par son invitation à intégrer ce monde. Alain m'apprend énormément et je découvre, grâce à lui, un nouveau monde qui me colle à la peau.

Je lui en suis infiniment reconnaissante. S'entourer bien pour grandir mieux, telle est l'une des clés de toute réussite, comme je vous l'écrivais plus haut dans ce livre.

Mais c'est aussi une véritable sortie de ma zone de confort que je réalise. Issue du tennis, j'ai tout à apprendre dans l'art de la conférence et du coaching. Pour ce faire, j'enchaîne formation sur formation, certification sur certification. Je dois même apprendre ce qui pourrait sembler tout à fait basique pour beaucoup : utiliser un ordinateur ou réaliser des présentations PowerPoint. Je travaille d'abord dans le milieu du coaching en entreprise, je suis une formation en coaching global (coaching mental, que ce soit individuel ou en équipe, coaching de changement). J'ai alors le sentiment de travailler en miroir de ma carrière tennistique : ce qui m'est enseigné à travers ces formations et ce que j'ai mis en pratique durant toutes ces années de tennis s'alimentent mutuellement, se répondent naturellement. Sens et puissance ressortent de ce nouvel élan professionnel, je me sens utile et à ma place. Par le coaching, je peux évoluer tous les jours, continuer d'apprendre et de m'améliorer au service de l'épanouissement de personnes.

Depuis, j'ai suivi de nombreux programmes de formation certifiés, notamment en stress et burn-out, coaching de carrière, talent et passion. Je ne cesse de continuer à me former, convaincue que si j'arrête, je m'engage sur la pente de la régression. Comme je l'ai déjà partagé avec vous, pour pouvoir évoluer, il est essentiel de continuer à apprendre. Je veux continuer à offrir le meilleur de moi-même à mes clients. J'ai également dispensé des cours au sein d'écoles supérieures et dans des programmes universitaires, ce qui a d'ailleurs contribué à me créditer d'une forme de reconnaissance. En effet, issue du monde sportif, je me suis parfois heurtée à certains questionnements de la part de professionnels universitaires qui émettaient des doutes sur mes capacités de coaching, en entreprise notamment.

Il y a trois ans, j'ai également décidé de collaborer avec une nouvelle structure, Better Minds, qui met particulièrement l'emphase sur la psychologie positive, la santé et le bien-être dans l'évolution de tout individu, et chez qui je me suis d'ailleurs formée depuis 2016. Sa merveilleuse directrice, Elke Geraerts, m'a directement intégrée avec confiance dans son équipe. C'est un bonheur de travailler avec une telle personnalité. J'offre donc mes services de coaching individuel chez Better Minds Coaching et je donne des conférences et des ateliers en entreprise avec Better Minds At Work. Aujourd'hui, j'ai l'immense chance non seulement de collaborer avec Better Minds mais également avec Energy Lab, car les deux sociétés ont décidé de s'offrir un avenir commun.

Le coaching de carrière constitue un secteur qui m'inspire particulièrement. Considérant que j'ai souffert d'une absence d'accompagnement pour m'aider à me réorienter à la fin de ma carrière tennistique, j'ai rapidement souhaité me former pour pouvoir soutenir les individus dans leurs questionnements professionnels, tels que des volontés de réorientation ou d'amélioration de l'équilibre entre vie professionnelle et vie privée. J'ai également le plaisir d'accompagner des sportifs professionnels en fin de carrière dans leur transition professionnelle. Grâce à Sport Vlaanderen, les athlètes bénéficient en effet d'accompagnements individuels sur mesure. C'est donc avec beaucoup d'intérêt et d'épanouissement que je leur mets à disposition ce dont j'ai manqué à un moment stratégique de ma vie. Dans le cadre de ce coaching tout à fait spécifique, je dispose de quatre années pour mettre en place un encadrement de qualité adapté à leurs besoins, tel qu'un réseau d'experts, des formations à suivre, un accompagnement de carrière individuel et de nombreuses opportunités grâce aux partenaires stratégiques de Sport Vlaanderen. En cumulant les expériences d'athlète de haut niveau et de coach certifiée, j'essaie d'offrir le meilleur de mon bagage professionnel à ces sportifs.

Parallèlement au coaching, j'ai toujours donné de nombreuses conférences en entreprise ou dans d'autres institutions, au cours desquelles je transmets tout ce que mon expérience tennistique et de coaching m'a inculqué, en particulier en matière de gestion d'énergie.

Par ailleurs, je continue de commenter des matchs de tennis à la télévision belge. Je décode ainsi tous les tournois ATP World Tour Masters 1000, qui sont les tournois les plus importants après ceux du Grand Chelem : les Masters d'Indian Wells, Miami, Monte-Carlo, Rome, Madrid, Montréal-Toronto, Cincinnati, Shanghai et Paris-Bercy. J'analyse également les demi-finales et finales hommes des ATP Finals (anciennement appelés les Masters), ce tournoi prestigieux qui réunit les huit meilleures joueurs au niveau mondial.

Aussi, il me tient particulièrement à cœur de continuer à m'impliquer bénévolement dans des œuvres sportives. C'est ainsi que je suis très investie dans le mouvement paralympique. Depuis 2012, je suis d'abord intervenue en tant que coach mentale pour la ligue handisport francophone. Pendant quatre ans, j'ai notamment accompagné Joachim Gérard, ce talentueux joueur de tennis en fauteuil roulant, qui a remporté de nombreux titres internationaux. J'ai ensuite intégré le conseil d'administration et la commission sportive de la ligue handisport francophone, ainsi que la commission de sélection nationale des Jeux paralympiques d'été et d'hiver. Sur proposition du comité paralympique, j'ai également été appelée à rejoindre, en 2017, le conseil d'administration du Comité olympique et interfédéral belge (COIB) en vue de représenter les sports non olympiques (pour les francophones). Lors de mon second mandat qui a débuté en 2021, j'ai été élue, par les fédérations sportives, vice-présidente du COIB, devenant ainsi la première femme à occuper ce poste. Durant ce nouveau mandat, je tiens singulièrement à travailler sur la question de l'inclusivité et de la représentativité des femmes au sein du secteur sportif, tant en qualité d'athlètes que de coachs, d'arbitres ou de membres de conseils d'administration de structures sportives, ainsi qu'à renforcer les synergies avec le comité paralympique. Me consacrer ainsi à ces causes sportives et sociales me permet de donner un sens supplémentaire à ma carrière tennistique.

Dans le cadre de mes hobbys, je ne pratique plus le tennis. Certains pépins physiques, notamment ce genou abîmé par un sprint sur une surface bétonnée, ne me permettent plus de taper la balle et courir derrière elle comme je pouvais le faire. Par contre, je m'adonne à ma seconde passion sportive : le golf. Les greens, qui offrent des panoramas et des cadres exceptionnels, me permettent de déconnecter complètement, de me ressourcer tout en exerçant une activité physique qui soit plus douce pour mon corps. Le golf réunit donc pour moi tous les avantages d'un loisir en matière de récupération d'énergie. C'est pourquoi je l'intègre autant que possible dans mon agenda, puisque ses bénéfices sur mon système énergétique sont très positifs, à tel point que lorsque l'on part en vacances, on veille toujours à disposer d'un golf à proximité. Par ailleurs, je nage également autant que possible, et j'effectue très régulièrement des exercices pour renforcer mes abdominaux et le dos.

L'une de mes autres grandes passions est moins connue publiquement. D'aussi loin que je me souvienne, si je n'étais pas en train de transformer notre jardin muré en court de Wimbledon, j'aidais ma maman à réaliser ses recettes de cuisine. Entre 2017 et 2019, j'ai décidé de donner une nouvelle dimension à ma passion pour la cuisine en suivant une formation de deux ans, au terme de laquelle j'ai été diplômée sous-cheffe. Tel que j'ai pu vous en faire part dans ce livre, continuer à se former pour évoluer vaut autant pour le domaine professionnel que personnel.

Enfin, les voyages ont cette capacité de me nourrir et de m'inspirer. Très jeune, j'ai eu l'occasion de débarquer dans nombre de beaux pays, sans toutefois disposer du temps pour les découvrir. Je me suis toujours promis de revenir les visiter lorsque j'en aurai la possibilité. C'est ce que je me suis attelée à faire depuis ma retraite tennistique. Je reste avide de rencontrer de nouvelles cultures et de découvrir les beautés que regorgent tous les pays du monde.

L'ensemble de ces activités professionnelles et de ces loisirs ont contribué à façonner une vie qui me rend aujourd'hui épanouie, équilibrée et alignée avec la personne que je suis, une vie dans laquelle mon énergie est boostée.

Confidences sur confidences

Vous arrivez ici au terme de la lecture de ces confidences. J'espère sincèrement qu'elle vous aura été agréable, utile, et qu'elle vous aidera à mieux gérer votre énergie et à vous développer tel que vous le souhaitez.

Parce qu'elles m'ont permis de rejoindre le top 10 du tennis mondial, j'aimerais vous révéler le top 10 de ces confidences.

1. **Abusez des récupérations !** C'est l'un des seuls moyens de maintenir un équilibre énergétique global au service de votre développement. Ces récupérations passent par l'investissement dans les sources d'énergie vitale, à savoir du sommeil en quantité suffisante et en régularité, une alimentation adaptée à vos besoins et l'exercice d'activités physiques qui, par la mise en mouvement de votre corps, procurent de l'énergie. Et n'oubliez pas qu'à chaque corps correspond son sport. Ces récupérations se jouent aussi dans toutes autres activités qui ont la capacité de vous booster, et qui dépendent de votre personnalité. Veillez à bloquer des moments dans votre agenda qui sont consacrés à ces moments énergisants.

2. **Investissez dans vos talents et développez vos compétences !** Exercez vos talents, ils vous procureront une énergie formidable. Développez vos compétences pour soutenir ces talents et évoluer. Identifiez vos drivers pour connaître les contextes qui vous conviennent le mieux et évitez ceux qui brûleraient démesurément votre énergie.

3. **Entourez-vous bien pour grandir mieux !** Qu'il soit professionnel, familial ou amical, votre entourage joue un rôle fondamental dans votre développement. Leurs compétences, leur bienveillance et leurs approches constructives vous seront précieuses pour soutenir votre évolution.

4. **Osez rêver !** Rêver vous donne une impulsion et de la motivation dans ce que vous entreprenez. Si vous rêvez, vous vous offrez un puissant moteur vers le futur, vous clarifiez votre avenir et vous pouvez découper cette vision en étapes et objectifs, lesquels pourront vous guider tout en vous maintenant motivé.

5. **Questionnez le sens de ce que vous faites !** Répondez régulièrement à la question de pourquoi vous vous investissez dans votre activité. Si la réponse est convaincante, cela vous motivera à continuer malgré les difficultés auxquelles vous vous confrontez. Inversement, cela vous aidera à repenser votre chemin.

6. **Osez sortir de votre zone de confort !** Sortir de votre zone de confort, c'est vous offrir un terrain d'apprentissages sur vous et donc d'évolution. Sortir de votre zone de confort, c'est augmenter vos capacités de résilience pour le futur. Pour ce faire, il est essentiel de revenir à ma première confidence : cette absolue nécessité à récupérer de ces sorties de zone de confort qui requièrent beaucoup d'énergie. Soyez bienveillant avec vous-même et acceptez que parfois on gagne, parfois on apprend ! Convertissez ce que vous considérez être des défaites en moyens de connaissances sur vous : vous n'aurez rien perdu mais aurez tout gagné.

7. **Pensez ce que vous voulez, pas ce que vous craignez !** Concentrez-vous sur les solutions. Rappelez-vous que le cerveau ne distingue pas le réel de l'imaginaire et qu'il peut être entraîné à la réussite par des pensées et visualisations positives. Prenez ainsi du plaisir à le manipuler à votre avantage.

8. **Sans vous préparer, vous vous préparez à échouer !** Veillez à mettre toutes les chances de votre côté, en vous préparant, en vous entraînant, en anticipant les difficultés qui pourraient se présenter à vous. Votre confiance en vous sera décuplée, ce qui vous stimulera et vous énergisera pour continuer dans votre voie. N'oubliez pas que le travail bat le talent quand le talent ne travaille pas. Et préparez-vous pour la confidence suivante.

9. **Saisissez les opportunités !** Elles constituent d'excellentes voies pour sortir de votre zone de confort et réservent souvent de belles surprises d'évolution.

10. **Apprenez à vous déconnecter pour mieux vous (re)concentrer !** Pour pouvoir fonctionner efficacement et se concentrer de manière optimale sur des tâches exigeantes, votre cerveau a besoin de déconnexions… sans les réseaux sociaux qui le saturent bien davantage. Ces déconnexions vous permettront de récupérer de l'énergie physique, mentale et/ou émotionnelle. Cela ne vous rappelle-t-il pas ma première confidence ? Je peux donc à présent boucler ce top 10 qui je l'espère deviendra le vôtre.

J'ai encore une dernière confidence à vous faire : si les confidences ont habituellement pour vocation d'être gardées secrètes, celles-ci peuvent être généreusement partagées. Qu'elles puissent servir les balles de nombreuses vies, tel est le match que j'ai désormais à cœur de gagner.

À vous de jouer !

Échelle de Holmes et Rahe

L'échelle de Holmes et Rahe vous donne des indications sur les événements de la vie qui sont générateurs de stress. Conceptualisée au début des années 1970 aux États-Unis, elle permet de situer les niveaux de stress associés aux événements que vous avez pu vivre au cours des 12 derniers mois de votre vie. Selon les études de ces deux auteurs, une exposition à plusieurs événements de ce type sur une année peut engendrer des problèmes de santé.

Je vous invite à présent à parcourir ces événements et à noter la valeur correspondante dans la colonne si vous avez vécu l'événement décrit.

	ÉVÉNEMENTS VÉCUS AU COURS DES 12 DERNIERS MOIS	VALEUR	VOS POINTS
1	Mort du/de la conjoint.e	100	
2	Divorce	73	
3	Séparation des conjoints	65	
4	Période d'emprisonnement	63	
5	Mort d'un parent proche	63	
6	Chômage	53	
7	Blessure ou maladie importante	50	
8	Mariage	47	
9	Licenciement	45	
10	Réconciliation entre conjoints	45	
11	Prendre sa retraite	44	
12	Changement dans la santé d'un membre de la famille	40	
13	Grossesse	39	

14	Problèmes sexuels	39	
15	Arrivée de quelqu'un dans la famille (ex : naissance, adoption, etc.)	39	
16	Changement majeur professionnel	38	
17	Changement majeur au niveau financier	37	
18	Mort d'un ami proche	36	
19	Changement de fonction professionnelle	35	
20	Discussions plus nombreuses sur la vie de famille	31	
21	Hypothèque d'un montant important	30	
22	Saisie sur une hypothèque ou un prêt	29	
23	Changement de responsabilités au niveau professionnel (ex : promotion, rétrogradé, etc.)	29	
24	Fils ou fille qui quitte la maison (mariage, études, etc.)	29	
25	Problèmes avec les beaux-parents	28	
26	Succès exceptionnel	26	
27	Début ou fin d'activités professionnelles	26	
28	Changement de conditions de vie (nouvelle maison, nouveau voisin, etc.)	25	
29	Changement d'habitude	24	
30	Problèmes avec son patron	23	
31	Changement d'horaire ou conditions de travail	20	
32	Changement de résidence	20	
33	Changement d'école	20	
34	Changement dans les loisirs	19	
35	Changement dans les activités sociales	18	
36	Remboursement petit prêt	17	
37	Changement dans les habitudes de sommeil	16	
38	Changement du nombre de réunions familiales	15	

39	Changement dans les habitudes alimentaires	15	
40	Vacances	13	
41	Noël	12	
42	Contravention	11	
	TOTAL		

Additionnez à présent les valeurs des événements que vous avez vécus au cours des 12 derniers mois. Selon Holmes et Rahe, les risques se répartissent comme suit :

→ **150 points ou moins** signifient un nombre relativement faible de changements dans la vie et une faible susceptibilité aux problèmes de santé causés par le stress.
→ **150 à 300 points** impliquent une probabilité d'environ 50 % d'un problème de santé.
→ **300 points ou plus** augmentent la probabilité de rencontrer un problème de santé à environ 80 %.

J'attire néanmoins votre attention sur le fait qu'il s'agit bien de statistiques, qui ne prennent aucunement en compte les caractéristiques individuelles. Si vous deviez obtenir des valeurs hautes, cela ne signifie pas que vous allez inévitablement tomber malade, et je l'espère pour vous. Cela doit par contre vous alerter sur l'intensité des événements que vous avez vécus et qui appellent certainement à trouver des moyens adaptés pour pouvoir les traverser plus sereinement.

Exercices pour mobiliser les différentes parties de votre corps

ÉCHAUFFEMENT DE LA TÊTE

→ Tournez doucement la tête et faites de grands cercles
→ 5 rotations en partant de la droite et 5 rotations en partant de la gauche

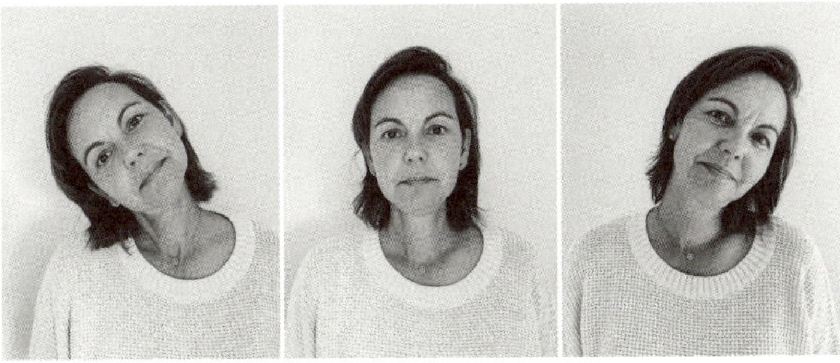

ÉCHAUFFEMENT DES ÉPAULES

→ 10 x faites des petits cercles avec vos épaules dans le sens des aiguilles d'une montre
→ 10 x faites des petits cercles dans le sens opposé
→ 10 x montez et descendez vos épaules de manière dynamique

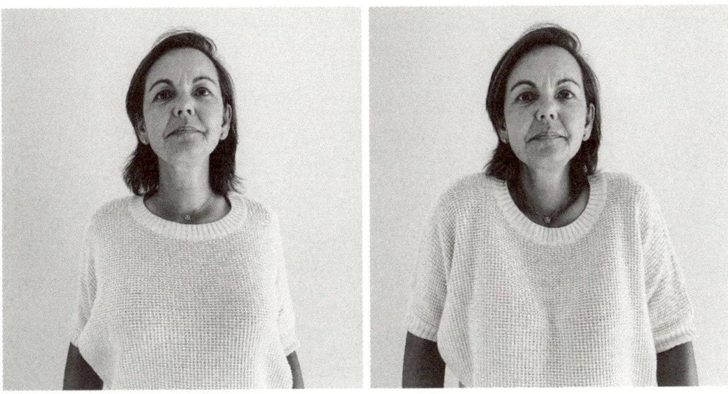

ÉCHAUFFEMENT DES BRAS

→ 10 x bras tendus sur le côté et faites de petites rotations
→ Vos jambes peuvent rester tendues ou éventuellement légèrement pliées

ÉCHAUFFEMENT DU BAS DU DOS ET DES CÔTÉS DU CORPS

→ 10 x bras tendus sur le côté du corps
→ Passez du côté gauche au côté droit en vous penchant sur le côté

ÉCHAUFFEMENT DU TRONC

→ Tournez 20 fois votre tronc de gauche à droite
→ Regardez devant vous
→ Les bras sont à la hauteur de vos épaules et vos jambes sont tendues

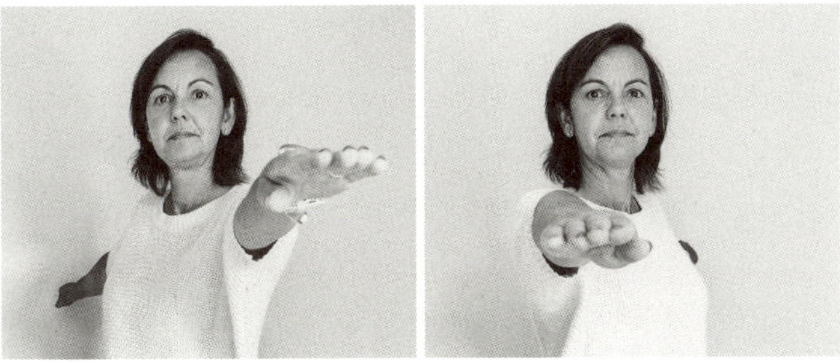

ÉCHAUFFEMENT DES GENOUX

→ Mettez vos mains sur vos cuisses
→ Pliez légèrement vos genoux
→ 10 x formez de petits cercles de gauche à droite
→ 10 x formez de petits cercles de droite à gauche

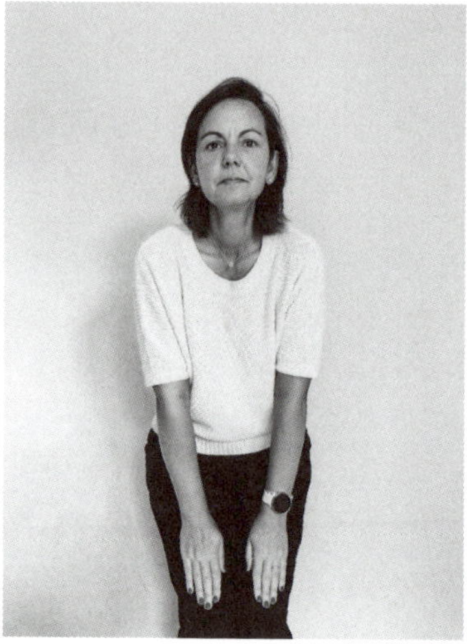

ÉCHAUFFEMENT DES PIEDS

→ Jambes tendues
→ 10 x Tournez votre cheville droite et faites de petits cercles
→ 10 x Tournez votre cheville gauche et faites de petits cercles

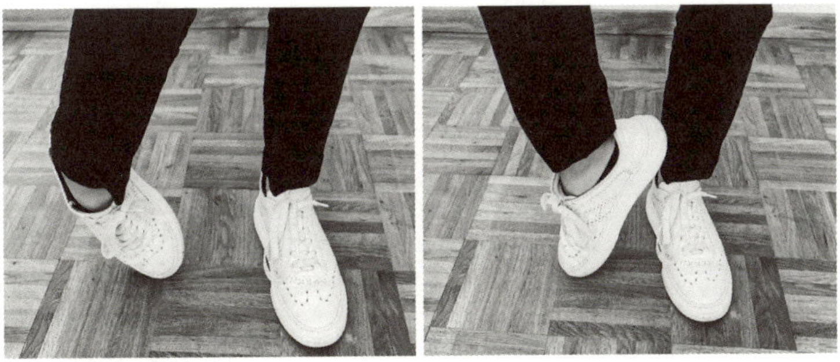

EXERCICE DES QUADRICEPS

→ Réalisez 2 séries de 10 squats rapides
→ Le dos bien droit, pliez les jambes et descendez le plus bas possible pour vous
→ Plus vous descencez bas, plus l'exercice est difficile
→ Remontez rapidement et répétez le mouvement

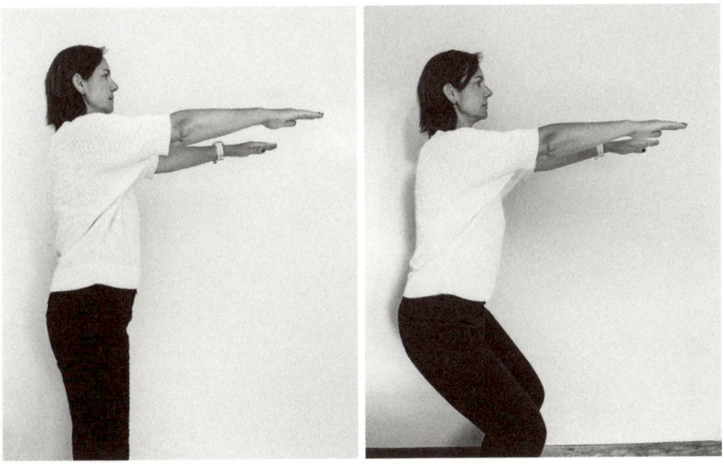

EXERCICE DES GENOUX

→ Montez vos genoux en alternance gauche-droite
→ Bougez les bras en synchronisation avec les genoux
→ Gardez le dos bien droit
→ Faites l'exercice quelques fois à la vitesse que vous désirez

EXERCICE DES MOLLETS

→ 10 x 2 séries
→ Montez rapidement sur la pointe des pieds
→ Restez 2 secondes sur la pointe des pieds
→ Descendez doucement et recommencez

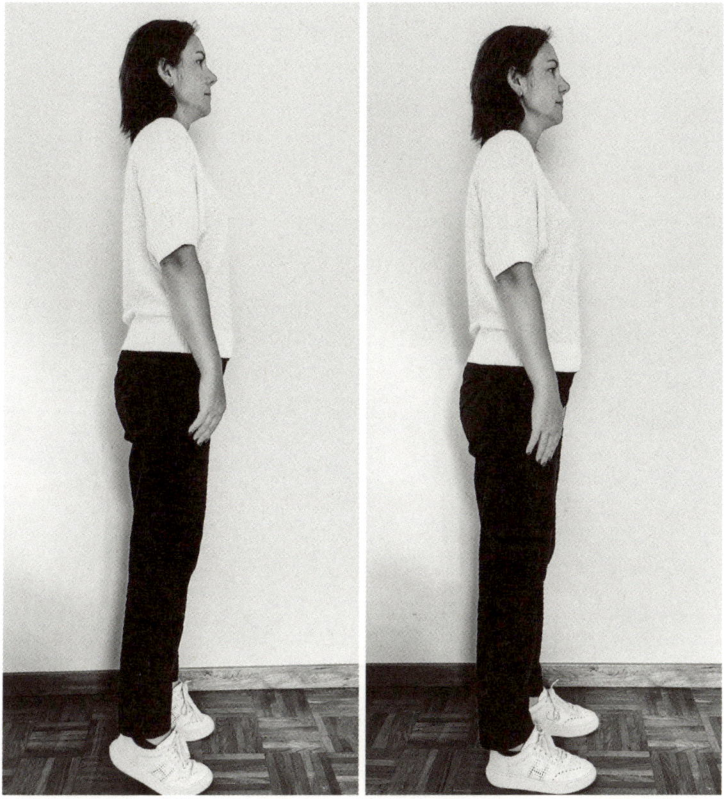

Exercices pour vous étirer

N'hésitez pas non plus à abuser de ces exercices d'étirement, en particulier si vous menez une vie sédentaire et restez assis des heures durant.

→ Exercices à réaliser au bureau ou à la maison
→ Respirez profondément en vous concentrant sur l'expiration
→ Répétez l'exercice à 2 reprises

ÉTIREMENTS DE LA PARTIE INFÉRIEURE DU CORPS

Ischio (partie arrière de la jambe)

→ Gardez votre jambe tendue
→ Tirez la pointe du pied vers vous
→ Gardez votre dos droit. Pour un étirement plus intense, penchez-vous légèrement vers l'avant tout en gardant le dos droit

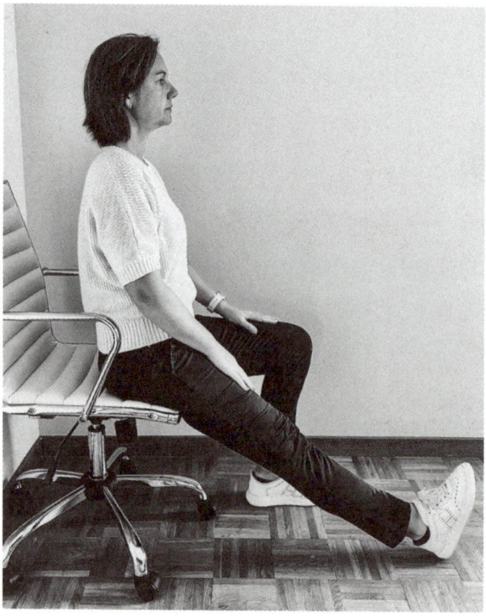

Fessiers-bas du dos

→ Placez la cheville sur le genou
→ Placez le coude sur le genou et la main sous le menton
→ Pour un étirement plus intense, vous pouvez appuyer légèrement avec votre coude sur votre genou

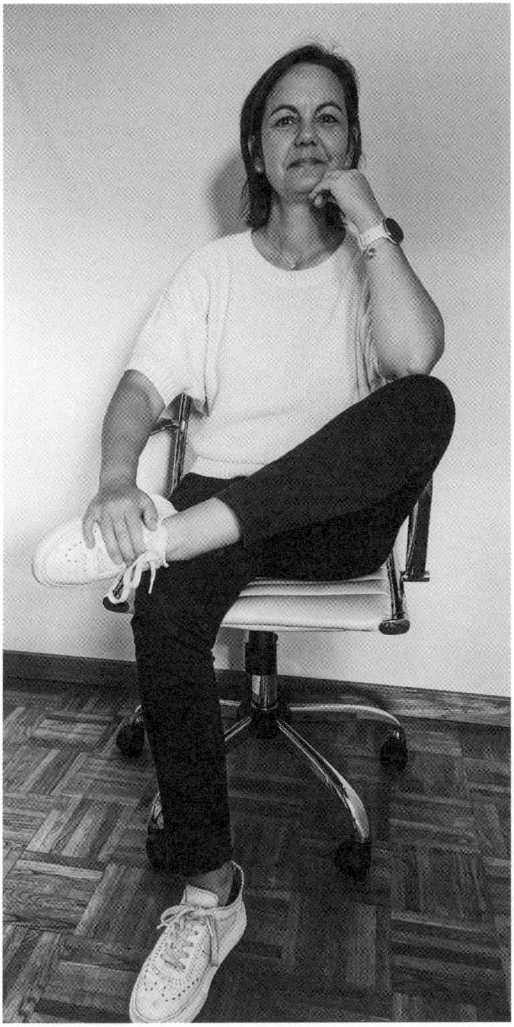

ÉTIREMENTS DE LA PARTIE SUPÉRIEURE DU CORPS

Haut du dos

→ Arrondissez le haut du dos
→ Tenez vos poignets sous vos jambes
→ Regardez vers le bas
→ Relâchez vos bras, levez légèrement votre dos pour créer la tension nécessaire

Extension latérale

→ Avec une main, tenez la partie opposée de la chaise
→ Descendez doucement sur le côté comme indiqué sur la photo
→ Gardez les bras tendus

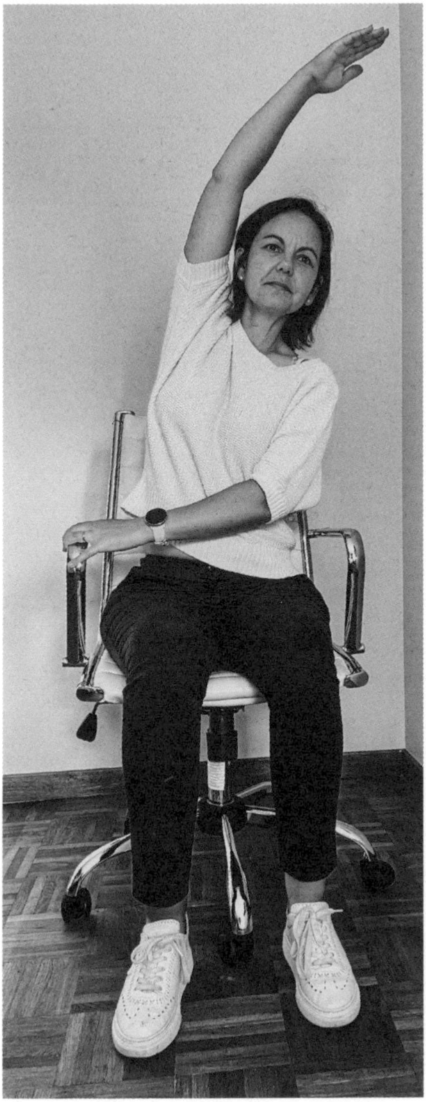

Triceps et dos

→ Gardez la tête droite
→ Fléchissez un bras dans le dos
→ Utilisez l'autre pour tirer doucement vers le bas

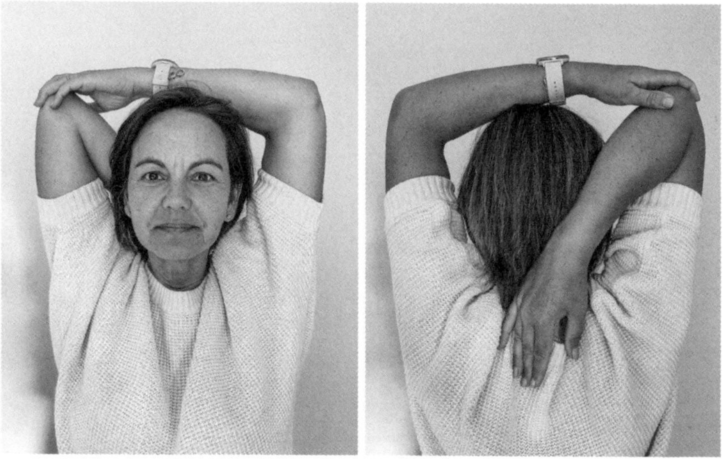

La nuque

→ Faites lentement des cercles avec votre tête
→ Vous ne devez pas ressentir de douleur
→ Quand le mouvement est plus fluide, faites de plus grands cercles
→ Faites les mêmes rotations mais dans le sens inverse
→ Idéalement 10 dans un sens puis 10 dans l'autre

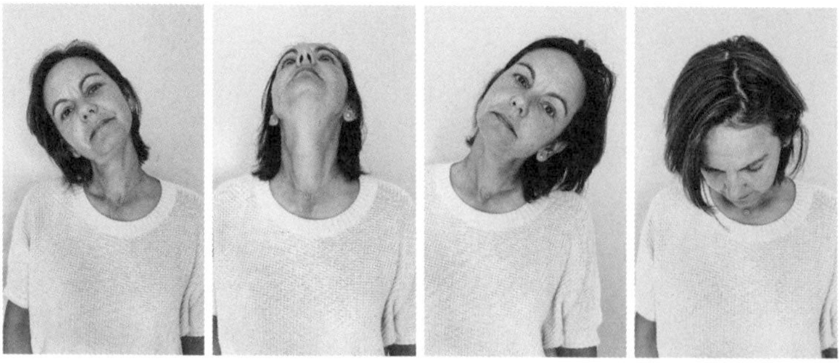

→ Placez vos mains derrière la tête
→ Exercez une légère pression, toujours doucement, vous ne devez pas ressentir de douleurs
→ Quand vous arrivez au seuil de résistance, restez quelques secondes puis reprenez dans la même position et refaites la même chose
→ Après 3 reprises, laissez simplement le poids de vos mains étirer votre nuque
→ Répétez l'exercice 3 fois

→ Tenez vos mains sur votre cage thoracique en poussant légèrement
→ Allongez votre nuque et étirez en bougeant la tête sur le côté pour créer une légère tension des muscles
→ Répétez le même mouvement mais de l'autre côté

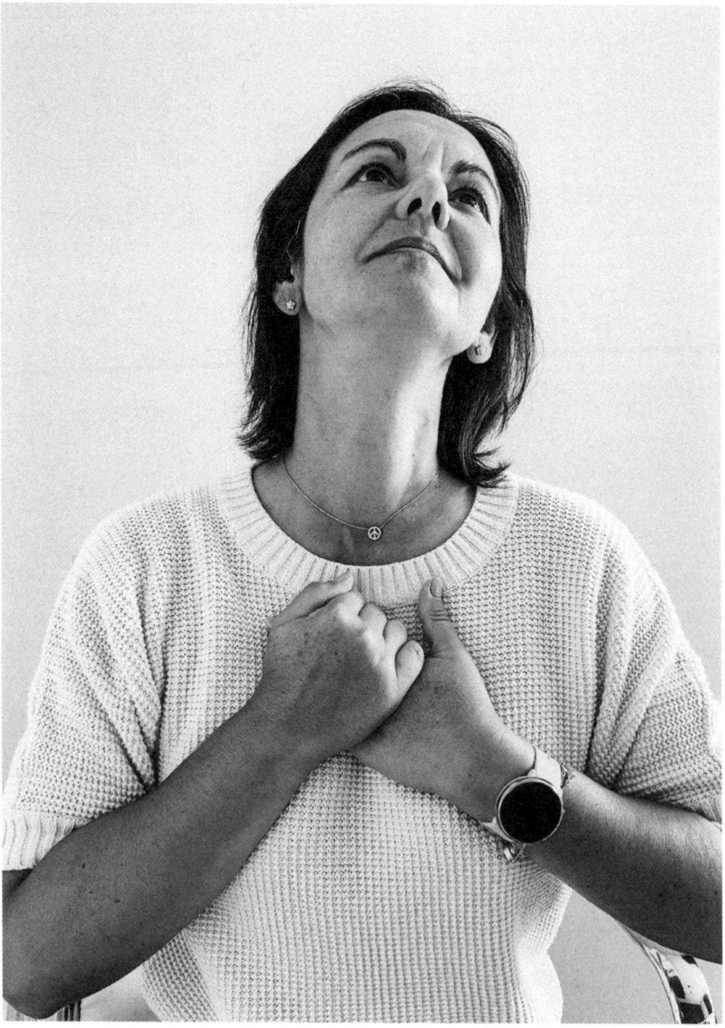

Épaules, extenseurs et nuque

→ En position debout, gardez le dos et la tête droits
→ Entrelacez les doigts
→ Étirez les bras devant vous, le dos des mains vers vous

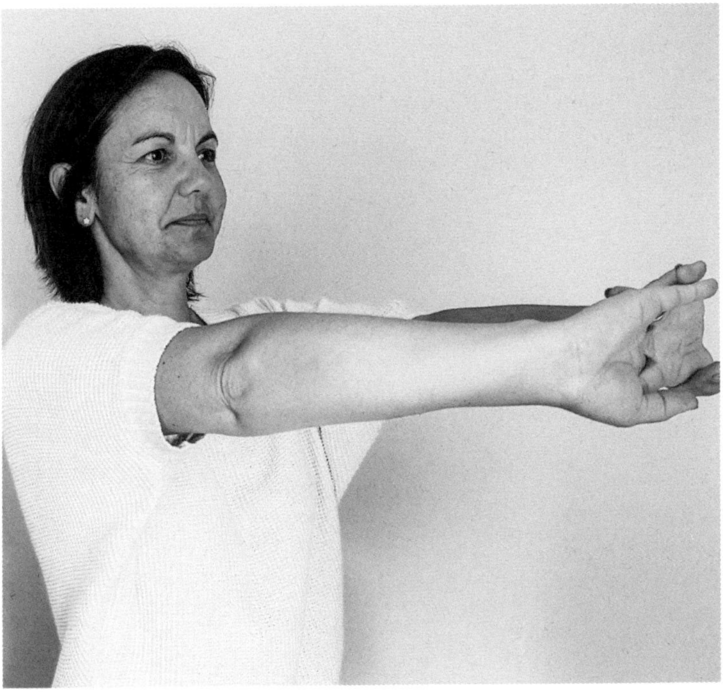

Omoplates et milieu du dos - dos et bras

→ Partez de la tête

→ Entrelacez vos doigts et étirez vos bras au-dessus de la tête

→ Gardez la tête et le dos droits

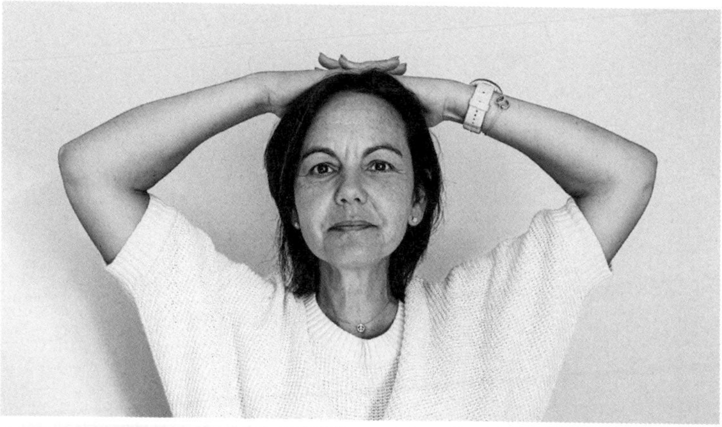

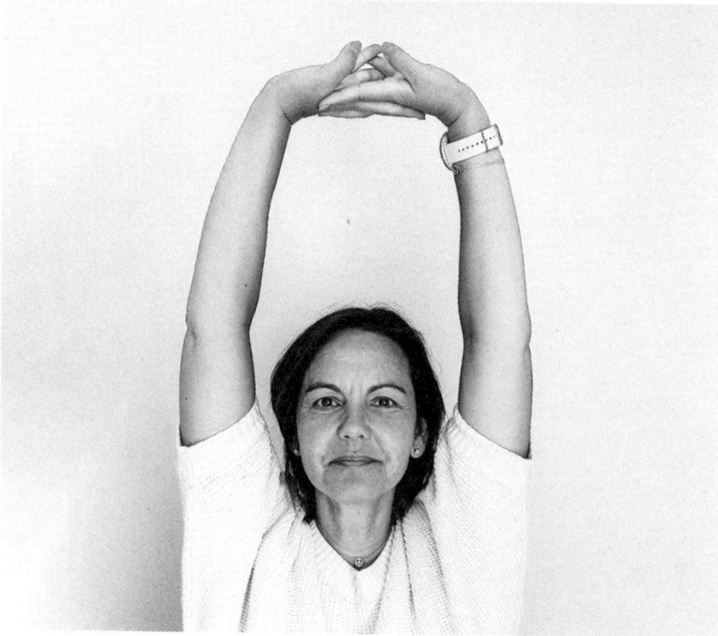

Quels sont vos drivers les plus dominants ?

	POUR CHACUNE DES AFFIRMATIONS, VEUILLEZ COCHER LE NUMÉRO QUI VOUS CORRESPOND LE PLUS :	PAS DU TOUT	PEUT-ÊTRE	QUELQUES FOIS	SOUVENT	TOUT À FAIT
1	J'ai toujours l'impression de me battre contre la montre	0	1	2	3	4
2	Je pense que l'effort est plus important que le résultat	0	1	2	3	4
3	Je dois me débrouiller seul(e) dans la vie	0	1	2	3	4
4	Pour commencer une tâche, il me faut « toutes » les informations	0	1	2	3	4
5	Il est important pour moi que les autres soient bien disposés à mon égard	0	1	2	3	4
6	Le stress me stimule	0	1	2	3	4
7	J'ai souvent peur de ne pas être à la hauteur	0	1	2	3	4
8	Je suis très exigeant(e) envers moi-même et envers les autres	0	1	2	3	4
9	Pour être satisfait(e), je dois exceller	0	1	2	3	4
10	Pour être aimé(e), je rends service plus que la moyenne	0	1	2	3	4
11	Je ne peux pas déléguer car les autres sont trop lents	0	1	2	3	4
12	Je dois dépenser beaucoup d'énergie pour faire les choses	0	1	2	3	4
13	Je ne suis pas proche de mes émotions et de leur expression	0	1	2	3	4
14	Pour être efficace, ma tâche doit être parfaite	0	1	2	3	4

15	Je suis disponible pour mon patron, même chez moi	0	1	2	3	4
16	Je parle vite	0	1	2	3	4
17	J'ai un sentiment d'oppression et la peur d'exploser si je me laissais aller	0	1	2	3	4
18	J'aime accomplir des tâches nobles, des missions importantes	0	1	2	3	4
19	Les faits, les chiffres, la logique, voilà les vraies valeurs	0	1	2	3	4
20	Il faut dire aux gens ce qu'ils ont envie d'entendre	0	1	2	3	4
21	J'ai envie d'interrompre les gens pour finir leurs phrases à leur place	0	1	2	3	4
22	J'ai le sentiment d'être responsable de ce qui arrive aux autres	0	1	2	3	4
23	L'échange intellectuel est le domaine où je suis le plus à l'aise	0	1	2	3	4
24	L'exactitude à tout prix, voilà le prix de mon image	0	1	2	3	4
25	J'aime savoir qu'un collègue a besoin de moi	0	1	2	3	4
26	Je dis souvent « pressons.... oui... oui... et alors ? »	0	1	2	3	4
27	On dit de moi que je me plains souvent	0	1	2	3	4
28	J'aime ce qui fait appel à la logique	0	1	2	3	4
29	Je dois donner à penser à mon client que je sais tout	0	1	2	3	4
30	Il faut savoir se plier en quatre	0	1	2	3	4
31	J'ai coutume de faire les cent pas lorsque j'attends	0	1	2	3	4
32	Les gens viennent à moi sans que je leur demande : on me trouve gentil(le)	0	1	2	3	4
33	J'ai du mal à faire confiance	0	1	2	3	4

34	Je dois tout faire pour ne pas être critiqué(e)	0	1	2	3	4
35	J'aime aider les autres	0	1	2	3	4
36	Je tapote souvent avec mes doigts ou avec mes pieds	0	1	2	3	4
37	Je crée des situations confuses où je suis stupide et impuissant(e)	0	1	2	3	4
38	Le jugement des autres sur mes actes m'importe beaucoup	0	1	2	3	4
39	Je suis convaincu(e) que je suis le ou la meilleur(e)	0	1	2	3	4
40	Je ne sais pas dire « non »	0	1	2	3	4
41	Je vais trop vite, ce qui me fait faire des fautes d'inattention	0	1	2	3	4
42	Que d'efforts pour répondre à toutes ces questions	0	1	2	3	4
43	Je ne me sens pas en sécurité si je ne m'implique pas émotionnellement	0	1	2	3	4
44	Tant qu'une tâche n'est pas réalisée comme je le souhaite, je recommence	0	1	2	3	4
45	J'aime jouer le rôle de confident(e)	0	1	2	3	4
46	Je ne peux rester inactif(ve), quitte à faire plusieurs choses en même temps	0	1	2	3	4
47	Mes parents me disaient souvent : « Avec un peu plus d'efforts... »	0	1	2	3	4
48	En groupe, j'aime qu'on respecte le timing et l'objectif : pas de digression	0	1	2	3	4
49	Mes collaborateurs doivent faire exactement ce que je leur dis	0	1	2	3	4
50	En répondant à ces questions, je me demande si ces réponses correspondent bien à ce qu'on attend de moi	0	1	2	3	4

En fonction du score que vous avez attribué à chaque case, complétez le tableau suivant. Sur la ligne « total », veuillez additionner les scores et découvrir l'intensité de vos drivers.

Question n°	Score	Question n°	Score	Question n°	Score	Question n°	Score	Question n°	Score
1		2		3		4		5	
6		7		8		9		10	
11		12		13		14		15	
16		17		18		19		20	
21		22		23		24		25	
26		27		28		29		30	
31		32		33		34		35	
36		37		38		39		40	
41		42		43		44		45	
46		47		48		49		50	
TOTAL du driver « DEPÊCHE-TOI »		**TOTAL** du driver « FAIS DES EFFORTS »		**TOTAL** du driver « SOIS FORT »		**TOTAL** du driver « SOIS PARFAIT »		**TOTAL** du driver « FAIS PLAISIR »	

DE QUELS DRIVERS SE COMPOSE VOTRE TOP 3 ?
1.
2.
3.

Bio express

Dominique Monami, née le 31 mai 1973 à Verviers, est une joueuse de tennis belge. Après avoir atteint le top 10 mondial et remporté une médaille de bronze aux jeux olympiques de Sydney en 2000 avec Els Callens, elle met fin à une carrière professionnelle de dix ans et se lance dans le monde de l'entreprise et du sport en tant que formatrice et coach. Elle combine les nouveaux outils de développement personnel avec son expérience de joueuse de haut niveau et aide ainsi ses clients, au travers de sessions de coaching ou d'ateliers, à faire face au stress et à acquérir une grande force mentale.

www.dominiquemonami.com